사랑한다 요리할 수 있어

재민

역시나 먹는 것만큼 기쁜 일은 일상에 흔치 않으며
그 기쁨을 줄 수 있다는 건 사랑의 표현임이 틀림없다.

목차

.

들어가며

저는 작가 재민이라고 합니다. 언제부터인가 스스로를 '삶을 탐구하는 창작자'라고 부르고 있어요. 책의 첫 두 문장으로 느끼셨겠지만, 이 책은 삶에 관한 고민으로 시작한 책입니다. 하지만 빽빽하고 무거운 책은 아닙니다. 저는 가벼운 마음으로 삶을 살아내고 싶은 사람이거든요.

이 책을 쓸 때도 마찬가지였습니다. 물론 씀이란 무겁고, 완성해 나가는 것은 힘들지만 마음은, 그래도 마음만은 날아갈 듯 가볍게 하여 썼습니다. 그 마음이 바람에 날아가는 민들레 홀씨 같았던 이유는 혼란스러웠던 제 삶의 방향을 찾아가며 희망을 얻었기 때문입니다. 희망이 삶의 모든 고충을 해결해 주지는 못하지만 적어도 살아가게 하는 바람은 되니까요.

이 책은 30대 아들인 제가 엄마께 한 달에 한 번 직접 요리한 음식으로 대접해 드리는 과정을 담은 기록입니다. 그 과정 안에 엄마와 요리, 사랑과 식사, 삶과 마음이 담겨있습니다. 모두 책에 담아보니 그 모양이 한없이 초라해 보이기도, 한편으로는 나름 괜찮아 보이기도 합니다. 그 모양이 최고가 아니더라도 유일하다는 것을 압니다. 그렇기에 이렇게 책으로 엮었습니다.

　책의 마지막 챕터를 끝내고 프롤로그를 쓰는 지금의 마음은, 이 글을 읽는 당신이 재밌게 읽었으면 좋겠다는 마음뿐입니다. 그러니 부디 가볍게 읽어주세요. 여름의 시냇물이 흘러가듯 읽어주세요. 민들레 홀씨가 날아가듯 읽어주세요.

　제 글을 읽는 당신의 마음이 가벼워지기를 바랍니다.

　재민 드림

영 대접

요리하는 삶을 살아보고 싶어서요.

　오늘이 기념비적인 날이 될 수 있을까? 한 달 전, 나의 첫 독립출판물 <퇴사 사유서>의 크라우드 펀딩을 마무리 짓고 한숨을 돌리던 때 찾아온 한 마음이 있었다. 엄마께 요리해 드리고 싶은 마음. 정확히는 엄마께 식사를 대접해 드리는 아들의 삶을 살아보고 싶은 마음이었다. 지난 한달동안 진지하게 고민했고, 그 끝에 해보고 싶다는 마음이 남았다. 그 마음을 진심으로 받아들인 오늘부터 일기 같은 기록을 남겨본다.

　<퇴사 사유서>와 단편으로 연재했던 <무에서 살고 있습니다>를 읽어본 사람이라면 알겠지만 나는 지난 3월, 자신만만하게 회사에서 퇴사했다. 그 후 해보고 싶었던 요리 영상을 만들었고 틱톡과 인스타그램에 올려 인기를 얻으면 새로운 삶의 길이 보일 줄 알았다. 퇴사 후 초반 두어 달 요리 콘텐츠를 이틀에 한 번 만들어 올렸지만, 팔로워는 350명이 채 안 되었고 좋아요도 게시물당 100개를 채우지 못했다. 크리에이터로서의 성공은 짧은 기간 바짝 노력해서 되는 것이 아니었으나, 두어 달 크리에

이터로 살아보니 그새 흥미가 떨어져 내 길이 아님을 느꼈다. 그러다 <퇴사 사유서> 펀딩과 출간에 집중하면서 결국 요리 콘텐츠는 흐지부지 중단되었다.

그래도 틱톡, 인스타그램에 콘텐츠를 올리던 요리 크리에이터의 삶은 좋은 경험이었다. 물론 요리 크리에이터라고 하기엔 요리 학원 근처는커녕 쿠킹 클래스도 제대로 들어본 게 없지만 말이다. 애초에 남들보다 요리를 잘해서 요리 영상을 찍은 게 아니라 요리를 좋아해서 시작했기에 가능했던 일이었다.

나는 요리하는 걸 소소하게 좋아한다. 내가 착착착 재료 준비를 해서 조리하면 내 입맛에 맞는 음식을 양껏 먹을 수 있다는 게 좋다. 먹는 걸 워낙 좋아하니 이게 일석이조가 아니겠는가. 해를 거듭할수록 요리에 대한 실력도 관심도 늘었고 이제는 스스로 '그럴싸한' 요리를 만들어 내기도 한다. '그럴싸함'의 범주는 라따뚜이나 루꼴라 페스토를 집에서 만들거나 계란 프라이가 올라간 소고기 강된장 비빔밥을 해 먹는 것이다. 그렇다 한들 자격증도 없고 적문적인 경험도 없으면서 '엄마께 요리해 드리기'라는 주제로 삶을 살아보는 프로젝트를 한다고? 스스로 해먹을 정도의 소소한 실력으로 엄마께 요리해 드리면 '아들아, 국이 짜구나' 소리나 들을 테지만, 용기를 내

보기로 했다. 이유는 한 달이 지나도 엄마께 요리로 대접해 드리고 싶은 마음에 흔들림이 없었기 때문이다.

엄마께 대접 하고 싶다. 그것도 아주 잘해드리고 싶다. 엄마는 내 평생 나에게 요리해 주시는 삶을 살아오셨으니, 반대로 내가 엄마께 말이다. 엄마는 얼마나 많은 날을 나에게 요리해 주셨을까? 엄마가 해주신 끼니를 모두 셀 수나 있을까? 그러나 나는 여태껏 나를 위해서만 요리해왔다. 어쩜 그렇게 스스로 해 먹는 것에만 관심이 있었는지 이제 와 반성해 본다. 나를 위해서만 요리하던 관행을 깨고 이제는 누군가를 대접할 수 있는, 성숙한 어른이 되고 싶다. 그리고 만약 누군가에게 대접하게 된다면 그 첫 대상은 엄마여야만 한다. 나의 무의식이 그렇게 말했다. 이를 그저 엄마께 요리해 드리고 싶은 마음이라고밖에 표현하지 못하겠다. 이 마음만 믿고 엄마께 대접해 드리는 삶을 살아보려 한다.

이 다짐을 한 오늘은 특별한 날이다. 마음을 행동으로 바꾸려 마음먹은 날이기 때문이다. 앞으로 요리 계획도 세워야 하고 기록도 해야 하고 실제로 요리도 완성해야 한다. 새로운 프로젝트이자 삶을 시작하는게 설레지만 걱정되고, 재밌지만 고생할 것 같은 기분이다. 이 마음을 갖고 프로젝트를 실행해 보기로 한다.

　PS. 오늘부터 이 프로젝트를 '엄마께 식사 대접'이라고
명명한다.

어제는 빈 노트 한 페이지 왼쪽 상단에 날짜만 적어놓고 아무것도 하지 못했다. 생계를 위해 프리랜서 일을 시작해 버렸기 때문에 그 일에 매달리고 있어 '엄마께 식사 대접' 프로젝트를 진행할 틈이 없었다. 아니, 틈은 많았지만 피곤해서인지 도통 힘이 나지 않았다.

벌써 목요일이다. 기록을 남기는 지금까지의 성과는 엄마께 프로젝트 운을 뗀 것 뿐이다. 의도하고 한 것은 아니었다. 그냥 평소와 다를것 없이 통화 하다 이 말이 훅하고 튀어나왔다.

"나 엄마 요리해 주는 거 해보려고. 내가 대접해 주는 거야. 출장 요리사 느낌으로 말이야."

"그럼 엄마가 너한테 돈 주는 거야?"라고 엄마 옆에서 통화를 듣고 있던 누나가 물어보았다. 생각하지 못했던 부분이었다. 그리고 누나는 말을 이어 나갔다.

"그럼 원하는 요리 해주는 거야? 3일 동안 아홉 끼 해줄 수 있어?"

"아니, 아니. 그런 게 아니라, 가끔 내가 엄마한테 식사 대접하는 거야."

"그래서 얼마나 자주?"

구체적인 계획이 없던 나는 말을 더 이을 수 없었고, 아찔했던 통화를 끝냈다. 예상하지 못한 질문의 연속이었다. '엄마께 식사 대접' 프로젝트를 하겠다고 마음먹고 노트 왼쪽 상단에 날짜만 적어두고 아무것도 하지 않은 나에게는 당연한 결과였다. 어떻게 '엄마께 식사 대접' 프로젝트를 이어 나갈지 계획하지 않으니 요리해 주겠다는 말 외엔 할 말이 없었다. 구체적으로 계획을 짜고 프로젝트 구조를 만들어 엄마께 말씀드리는 게 좋겠다. 일종의 프로포즈 처럼. 그땐 하고자 하는 식사 대접의 기간과 형식을 정하고 대접의 의도를 이해하시기 편하게 말이다. 옆에 있는 누나가 들어도 받아들일 수 있을 정도의 촘촘함으로.

과연 '엄마께 식사 대접' 프로젝트를 엄마는 어떻게 생각하실까? 엄마가 좋아하시도록 프로포즈 때 장미꽃 한 송이를 준비해 드리면서 말씀드려야 할 것 같다.

누나에게서 연락이 왔다.

"동생. 나 과제 해야 하는데 네가 주말에 와서 도와줘. 와서 조카도 좀 보고."

"이번 달에는 김장하잖아. 그때 가려고 했는데? 그리고 주말은 곧장 내일이잖아."

누나는 내게 건축을 전공했으니 공간 관련 과제를 도와달라고 했다. 나도 모르게 누나의 부탁에 짜증부터 냈지만, 결국 토요일인 내일 안성 엄마 집으로 내려가기로 했다. 생각해 보니 잘된 일이었다. 마침 '엄마께 식사 대접' 프로젝트를 프로포즈할 예정이었으니 내일 직접 말씀드리면 되는 일정이었다. 괜히 누나에게 짜증부터 낸 것 같아서 미안했다. 누나와 통화를 끝낸 후 노트에 엄마께 어떤 내용으로 프로포즈해야 할지 써 내려갔다.

계획은 다음과 같다. 올해 11월부터 내년 3월까지 총 5개월 동안 다섯 번 대접한다. 식사는 하나의 메인 요리 그리고 사이드 요리, 음료 또는 디저트를 준비한다. 총 다섯 번의 대접이니까 다섯 개의 컨셉를 짜서 대접하기로 했다. 장소는 엄마 집 부엌 그리고 모든 요리는 내가 도움을 받지 않고 스스로 만들 수 있는 범위의 안에서 정하기로 한다. 당장 11월에는 가족 연례행사인 김장이 있으니까 갓 만든 김치나 김칫소 재료를 이용해서 만들면 좋을 것 같고, 12월은 연말 느낌으로, 1월에는 설날이 있으니 명절 음식, 3월은 엄마 생신이 있으니까, 생일상을 차려드려야겠다.

큰 틀을 이렇게 잡았다. 준비하면서 문제점을 보완하고 발전시키며 대접하게 된다면 엄마가 기뻐하실 식사를 만들 수 있지 않을까 기대했다. 이 프로젝트가 성공하게된다면 요리에 관련된 일을 할 수 있는 기회가 생기지 않을까 기대도 되고, 더불어 내가 얼마나 요리를 사랑하는지 실험해 볼 수 있겠다는 생각이 들었다. 이 계획을 진행할 수 있는지 엄마께 동의를 구하고자 내일 안성에 내려갈 계획이다.

누나와 통화 후 내가 간다는 소식을 들으신 엄마는 카톡으로 한 달 만에 만나는 아들에게 무엇이 먹고 싶은지 물어보셨다. 엄마는 또 아들에게 밥을 해주고 싶으신가 보다. 물론 나에게 엄마 밥이 제일 맛있기는 하지만 괜히 고생하실까 그냥 집밥이면 된다고 말씀드렸다.

이 프로젝트가 실행되었으면 좋겠다. 요리만 잘하면 효자가 될 수 있을 것 같은 느낌이다.

오전 10시 20분. 서울 남부터미널에서 버스를 타고 안성으로 향했다. 아침을 먹지 않아 허기진 배를 잡고 한 시간 동안 달려 경기도 끝자락에 있는 안성 엄마 집에 도착했다. 엄마 집에 도착하니 엄마는 외출 중이셨다. 근처에 사는 엄마의 엄마인 할머니를 병원에 모셔드려야 했기 때문이었다. 엄마 대신 아장아장 걸어 다니는 22개월 아기 조카와 누나가 나를 반겨주었다.

한 시간 후, 집으로 돌아오신 엄마가 해주신 점심을 먹고 다 같이 대추밭이 보이는 카페에 갔다. 따뜻한 대추차를 마시던 엄마께 나는 달큰한 생강차를 홀짝홀짝 마시며 자연스레 프로포즈를 시작했다.

"엄마. 내가 저번에 엄마한테 요리 대접해 준다는 거 있잖아. 그거 해보려고 하는데 어때?"

"그거 정말 하는 거야?"

"근데 조건이 좀 있는데 한번 들어 봐봐."

나는 준비한 여러 가지 조건에 관해 설명했다. 한 달에 한 번, 11월부터 내년 3월, 총 다섯 번의 식사대접을 하고, 다섯 개의 컨셉을 가지고 진행할 것이고, 메인 한 개와 사이드 한두 가지 그리고 음료를 대접할 것 정도를 말씀드렸다. 분명 어젯밤에 설명하고 상의해야 할 내용을 아이패드로 깔끔하게 정리했는데 몇 가지는 기억나지 않았다. 이렇게 허술해서야!

"좋아."

허술한 아들의 설명에도 엄마는 가볍고 경쾌하게 대답하셨다.

저녁 식사 후 안방에서 돋보기를 쓰고 핸드폰으로 뉴스를 보시던 엄마께 다가갔다. 낮에 빼먹은 질문을 드리기 위해서였다. 허술하지 않게 손에 아이패드를 들고.

"엄마 아까 말했던 거 있잖아. 나 좀 더 물어봐야 할 게 있어."

이번에는 엄마께 어떤 재료는 피하고 싶은지, 어떤 메뉴는 먹기 싫은지, 어떤 음식을 기대하는지 여쭈어보았다. 엄마는 너무 짜고, 너무 기름지고, 너무 매운 음식만 아니면 된다고 하셨다. 그리고 엄마는 못 드셔본 음식을 먹어보고 싶어 하셨다. 추가로 라면이나 떡볶이 같은 분식류의 메뉴는 피하고 싶다고. 나는 엄마의 말씀을 꼼꼼히 아이패드에 적어 담았다.

마지막으로 엄마께 "다 먹은 후에 맛 평가? 아니 맛 설명 같은 후기를 글로 써줄 수 있어?"라고 물었다. 엄마는 조금 당황하셨다.

"별거 아니고, 그냥 식사가 어땠는지 짧게 써주면 좋을 것 같아서."

"알겠어."

엄마는 후기까지 써주시기로 약속했다.

대화를 마치고 일어나는데 갑자기 장미가 생각났다. 엄마께 프로포즈 기념 장미꽃을 사다 드려야지 생각했는데 하루가 지나도록 까맣게 잊고 있었다. 생각해 보니 장미꽃을 드리는 건 유치하다는 생각이 들었다. 장미꽃 한 송이를 프로포즈 한다고 드렸으면 얼마나 오글거렸을까? 차라리 잘 된 것 같다.

첫 대접

매년 김장을 하시는 엄마께.

어제부터 '김장 날 해 먹는 음식', '김장과 잘 어울리는 음식'을 찾아보고 있다. 첫 대접은 김장 날에 맞춰 해드리려고 한다. 왜냐하면 그날은 엄마가 가장 고생하시는 날이기도 하고 우리 가족이 1년 중 가장 중요하게 여기는 음식 노동 행사이기 때문이다(이듬해 김치와 김치로 하는 모든 요리가 김장 날에 달려있다). 우리 집 김장 날은 다다음 주 목요일, 금요일인 11월 17일과 18일로 예정되어 있다.

김장이 우리 가족에게 중요하고 의미 있는 행사인 이유는 단순히 김치로 하는 요리 때문만은 아니다. 할머니께서 배추와 무, 갓, 쪽파 등 각종 재료를 텃밭에서 기르시고, 수확부터 뒷정리까지 모두 우리 가족이 직접 하기 때문이다. 11월이 되면 각자 일정에 맞춰 김장 날짜 후보를 정하고 그중 가장 적합한 날을 정한다. 초겨울에는 쥐도 새도 모르게 갑자기 추워져 새벽에 서리가 내리기도 하고, 서리가 내리면 배추가 얼기 때문에 기상청 일기예보를 예의주시하고 김장 날을 잡아야 한다. 언 배추로 김장 김치를 담그는 해에는 아주 치명적인 맛과 할머니의 잔소리를 덤으로 먹을 수 있기 때문이다.

올해에는 11월 첫째 주가 끝날 무렵 기온이 훅하고 떨어졌다. 언제 배추가 얼어붙을지도 모른다는 불안감을 느끼신 할머니는 엄마께 당장 김장하라 명(命) 하셨다. 그리하여 가족 구성원의 일정과 기상청에서 나온 일기예보를 고려한 가장 빠른 날짜인 11월 17, 18일을 김장 날로 잡았다.

우리 집 김장 행사를 조금 쟈세히 설명하자면, 준비 과정부터 김치냉장고에 넣어 익히기까지 복잡한 과정을 거치는 까다로운 행사이다. 우리 집의 김장은 할먼네(할머니 댁을 나는 이렇게 부른다) 마당 텃밭에서 배추를 뽑는 것으로 시작한다.

가지런히 밭에 뿌리를 두고 자라고 있던 배추를 뽑고, 4등분으로 자른 뒤, 흙을 씻어내어 절일 준비를 한다. 큰 고무 대야에 배추를 넣고 굵은소금을 잔뜩 뿌려 배추를 절인다. 동시에 밭에 있는 마늘과 무, 생강, 쪽파, 갓 등 김칫소에 들어갈 모든 재료를 뽑아 씻고 썰고 빻고 다듬는다. 마늘을 빻거나 무채를 만드는 일은 예전에는 집에서 직접 했는데, 재작년부터는 할먼네 근처 농협 마트에 동네 주민을 위해 준비된 채를 써는 기계를 활용한다. 그

기계는 마치 나에게만 준비된 선물 같다.

그리고 밤새 배추를 절이고 또 절인다. 예전에는 할머니 방식에 따라 밤새 2~3시간마다 알람을 맞춰 일어나 배추를 뒤집어 주었는데, 재작년부터 엄마의 '효율적인 절임 간소화' 덕분에 저녁 식사 후 한 번, 자기 전 한 번, 일어나 한번 뒤집어 준다. '효율적인 절임 간소화'가 생긴 후부터는 잠을 푹 잘 수 있어 얼마나 다행인지 모른다. 왜냐하면 이튿날 해가 뜰 무렵에 일어나야 하기 때문에 항상 잠이 부족 했기 때문이다.

눈뜨자마자 세수만 하고 전날 준비해 두었던 재료들을 가지고 소를 만든다. 김칫소는 전날 준비한 재료 및 고춧가루와 새우젓, 갈치젓, 까나리액젓 등 나는 외울 수도 없는 다채로운 양념을 넣어 버무린다. 중요한 건 정확한 계량이 아니라 배추의 절임 정도와 양, 올해 고춧가루의 매운 강도에 따라 비율을 조절하는 것이다. 절대적으로 할머니와 엄마의 숙련된 감에 의지한다. 만들어진 김칫소는 색깔도 중요한데 정말 빨간, 맛을 보지 않아도 매워 군침이 싹 도는 빨간색으로 만들어져야 한다. 그렇게 소를 절인 배추에 잘 발라주고 또 바르고, 또 바르고, 또 발라서 절인 배춧잎이 한 개도 남지 않으면 김장은 비로소 끝난다.

우리 집은 김장이 끝나면 과정에서 따라오는 육체적

고단함을 잊게 해줄 엄마표 수육을 먹는다. 알배추 쌈을 싸서 먹어도 너무 맛있고 갓 만든 김치를 얹어 먹여도 너무 맛있는 수육은 김장 노동에 대한 값진 보상이다. 아빠는 항상 여기에 막걸리가 빠질 수 없다고하시며 항상 귀신같이 어디선가 막걸리를 꺼내오시고는 했다.

엄마는 김장에, 수육에 나보다 더 고된 노동을 하시기에 김장이 끝난 저녁, 보상이 될 수 있는 멋진 식사를 대접하려고 한다. 그래서 갓 만든 김장 김치와 어울리고, 김장날 먹으면 맛있는 음식을 찾고 있었다. 그러나 아직 어떤 음식을 해드려야 할지 모르겠다. 어떤 음식을 올려드려야 엄마가 좋아하실지 모르겠다.

오늘은 11월 11일 빼빼로 데이다. 엄마는 아들이 빼빼로 선물을 하나도 받지 못한 사실을 알고 계실까? 알았다면 인기 없는 아들 모습에 씁쓸해하셨을까? 하지만 나는 하나도 슬프지 않다, 진짜로. 나는 음식을 받는 기쁨보다 주는 기쁨을 찾고 있으니까. 그래서 빼빼로 데이까지도 엄마께 어떤 요리를 해드릴지 열심히 찾고 있었다. 그중 골라본 몇 가지 음식을 나열하자면,

하나. 굴이 들어간 요리

11월은 굴을 안전하고 신선하게 섭취할 수 있는 기간이다. 마침 우리 가족은 김장 날 굴을 넣은 겉절이를 소량 만들어 먹곤 했다. 겉절이에 들어간 굴을 찾아드시고 시원한 맛을 좋아하시던 엄마의 모습이 떠올라서 굴 요리를 찾아보았다. 굴 칼국수나 수제비, 오수완(태국식 굴전), 굴 무침이 있었다. 무난한 굴 요리를 하려다 새로운 요리를 드시고 싶으시던 엄마의 말이 머리를 스쳐 갔고 더 깊게 검색했다. 그러다 '굴 파스타'라는 것을 발견했다. 유튜브에 올라온 굴 파스타 레시피를 꼼꼼히 찾아

보니 굴 파스타는 나에게도 궁금증을 자아내는 음식이었다. 파와 마늘 기름에 굴과 레몬이 들어간 이 파스타는 재밌는 요리가 될 것 같다.

둘. 겉절이

김장하고 나면 김칫소가 남는다. 김칫소를 활용해 굴 파스타와 같이 곁들일 사이드를 만들고 싶었다. 굴 파스타에는 많은 양의 올리브오일이 들어가기 때문에 달콤시큼한, 피클같이 느끼함을 눌러줄 수 있는 사이드가 필요했다. 그리하여 나는 '과일 겉절이'라는 괴상한 상상을 해내는데 이르렀다. 놀랍게도 유튜브에 과일 겉절이라고 검색하니 여러 레시피가 나왔다. 나처럼 괴상한 상상을 하고 그걸 실천하는 사람들이 있는 걸 보니 묘한 안도감이 들었다. 된장찌개에 사과를 찍어 먹는 '된찌사과' 입맛의 나는 제철 과일을 김칫소와 버무려 같이 먹으면 찰떡이겠다 싶었다. 서양에는 캐러멜과 소금을 같이 먹는 솔티 캐러멜의 단짠단짠이 있다면 나는 김칫소와 과일을 같이 먹은 과일 겉절이의 단짠단짠을 선보이겠다.

셋. 김장 재료를 활용한 사이드

김장을 하면 다양한 재료가 남는다. 배추, 무, 파, 갓, 마늘, 생강, 양파 등. 요즘 제철인 건 아마 무와 배추일 것이다. 그래서 무와 배추에 관련된 요리를 찾아보았다. 배춧국, 뭇국, 배추겉절이, 배추전 등 일상적인 요리만 나왔다. 그중 배추전이 굴 파스타와 제일 좋은 조합이라는 생각이 들었다. 하지만 새롭고 재밌는 음식을 찾던 나는 급기야 무로 만든 전을 찾아내게 된다. 무전 레시피를 보니 또 궁금해졌다. 과연 무전은 무슨 맛일까? 無 맛일까? 하지만 확실한 건 무전은 엄마가 처음 드시는 요리라는 것이다.

넷. 함께 마실 막걸리.

디저트를 준비할까 음료를 준비할까 고민했다. 고된 노동의 최고 보상은 역시 막걸리 한 모금일 것이다. 시중에 워낙 다양한 맛의 막걸리가 있고 막걸리 자체만으로도 맛있는 술이지만 취하기 위함이 아닌 음식에 곁들일 수 있는 막걸리였으면 했다. 가볍게 마시는 칵테일을 참고해 아이디어를 내봤는데, 소화에 좋은 매실청과 사과와 배를 넣어 상그리아 같은 막걸리 칵테일을 만들어 드리고 싶었다. 이것도 엄마가 드셔보지 못한 막걸리라는 것을 확신한다.

굴 파스타, 과일 겉절이, 무전, 배추전, 막걸리 칵테일. 빼빼로데이 날 빼빼로는 받지 못했지만 다음 주 엄마께 요리해 드릴 음식은 정했다. 하지만 아들은 올해도 어김없이 엄마께 빼빼로를 드리지 않았다. 그럼에도 엄마는 서운해하신 적이 없었다. 그러고 보니 평소에 엄마가 빼빼로를 드시는 걸 본 기억이 없다. 나도 엄마를 닮았는지 평소 빼빼로를 즐겨 먹지는 않는다. 빼빼로데이에도 먹지 않는 걸 보면 말이다.

　오늘 가족 단톡방을 쭉 읽어보니 빼빼로를 받은 사람은 우리 가족 중 아기 조카밖에 없었다. 그마저도 어린이집에서 받아온 모양이다. 아직 어린 아기 조카는 빼빼로를 먹을 수 없어 누나가 대신 먹었겠지만. 예상하건대 누나도 빼빼로를 한 봉지 다 먹지는 않았을 것이다.

메뉴를 정한 뒤 대접 전에 요리 연습을 해야 했다. 특히 굴 파스타와 무전, 배추전은 직접 해보고 대접해야 했다. 난생처음 해보는 요리기 때문이었다.

굴 파스타 같은 경우 어젯밤 잠들기 직전 침대에 누워 숏폼을 넘겨보듯 레시피 영상을 돌려보고 돌려보았다. 하지만 손을 사용해 만드는 일은 직접 해보지 않으면 머릿속에, 또 손 끝 감각에도 들어오지 않는다. 그래서 오늘 친구 K의 집에 놀러 간 김에 내가 굴 파스타를 해주겠다고 말했다. 사실 처음 해보는 굴 파스타를 연습하기 위함이었지만 셰프가 된 것 같이 자신 있게 K에게 요리해주겠다 말하고 같이 장을 보러 갔다. 역시나 굴 철이기 때문에 마트에서는 생굴을 팔고 있었다. 넉넉하게 100g 정도 사갖고 돌아왔다.

사실 고백하자면 나는 굴을 좋아하지 않고 찾아 먹지도 않는다. 엄마가 눈이 오는 날 굴전을 해주시면 소심한 젓가락질로 깨작깨작 세 점 정도 집어먹는 정도다. 굴은 나에게 생소한 식재료기 때문에 맛이나 향이 어떻게 구현될지 상상이 가지 않아 걱정이 되었다.

굴 파스타 재료를 짊어지고 돌아온 K의 오피스텔 주방에서 뚝딱뚝딱 요리를 시작했다. 레시피 영상처럼 손질된 생굴을 두세 번 흐르는 물에 씻고 레몬 제스트(레몬 껍질을 잘게 채 썬 것)와 소금으로 밑간을 해 놓는다. 이러면 간도 배고 비린내도 잡을 수 있다.

굴 파스타는 오일 베이스 파스타이기 때문에 엑스트라 버진 올리브 오일에 파와 마늘을 볶아 기름을 내어 준다. 새로운 재료가 팬에 들어갈 때마다 소금간을 해 주는데, 그렇게 하면 맛에 층이 생겨 풍미가 좋아진다. 냄비에 링귀니(스파게티면 보다 살짝 넓적한 파스타 면)를 끓는 물에 익혀준다. 링귀니 면이 다 익으면 면수 한 국자와 함께 팬에 넣고 곧바로 불을 줄인다. 그리고 굴을 넣어준다. 센 불에 굴을 익히면 질겨지니 약불에서 찌듯 볶아주는 것이 포인트다. 굴은 익었는지 익지 않았는지 눈으로는 쉽게 구분되지 않는다. 그래서 타이머를 5분에 맞추고 충분히 볶아주었다. 그리고 굴을 살짝 맛보았는데 익은 것 같았다(사실 잘 익었던 건지 모르겠다). 불을 끄고 올리브오일과 레몬즙을 두르고 윌을 그리며 휘저으며 섞어준다. 면수와 오일 그리고 레몬즙이 잘 섞어지면 에멀전(기름과 물이 유화된 상태)에 성공했다고 표현한다.

다른 사이드 없이 K와 굴 파스타를 맛보았다. 옆에서

힐끗힐끗 요리를 지켜보던 K는 굴의 비릿한 냄새가 걱정되었다고 했다.

호로록. 호로록. 한 입 먹어본 K는 굴에서 향긋한 바다 향과 감칠맛이 난다고 했다. 호록. 호록. 나도 한 입 크게 먹었다. 굴은 말랑말랑하고 부드러운 식감을 가지고 있었다. 레몬 제스트와 레몬즙 때문에 기분 좋아지는 상큼함도 있었다. 굴과 오일 소스는 굉장히 잘 어울리는 조합이었고 납작한 링귀니 면은 오일 소스에 잘 버무려져 스파게티면 보다 소스 향을 더 느낄 수 있었다. 마늘과 파 기름을 내서 그런지 오일 소스는 달콤하고 고소했다.

K와 나는 굴 파스타 그릇을 비우고 바닥에 남은 오일도 맛있다며 숟가락으로 싹싹 긁어 먹었다. 이 맛을 엄마께 빨리 전해드리고 싶다. 이 정도의 맛이면 엄마께도 새로운 맛의 경험이 될 것이라고 확신했다.

2022년 11월 18일 금요일

1

어제부터 김장 노동을 위해 할먼네(할머니 댁)에 머물고 있다. 할먼네는 1991년에 완공된 나와 동갑내기 시골집이다. 겨울에는 외풍이 집안에 들어오고 달빛도 없는 밤에는 사방이 깜깜해 창문 밖을 보기 무서운 그런 집이다. 이 시골집에 노동자 둘이 있었으니, 바로 올해의 김장 노동자인 나와 엄마였다. 아빠와 누나는 불참이고 할머니께서는 거동이 불편하시니 엄마는 올해 김장은 둘이서만 하자고 하셨다.

이미 어제 오전부터 김장은 시작되었다. 두 명뿐인 맨파워 덕분에 배추는 전년보다 열 포기 적게 했지만, 배추는 그 어느 해보다 크고 풍성하게 자라 일이 줄었다는 걸 체감하지 못했다. 어제는 배추를 뽑아 절이고, 김칫소 재료를 다듬고 썰었다. 그리고 오늘은 꼭두새벽같이 일어나 김칫소를 만들고 버무렸다. 설렁탕 국물을 우리듯 깊고 진한 12시간 노동을 거쳐 김장 김치가 만들어졌다.

올해는 적은 배추 포기 수였지만(배추 포기 수만큼 포기 하고 싶었다) 매년 다를 것 없이 오전 11시가 넘어 김장이 끝났다. 고된 노동 끝에 기다리고 있던 건 엄마표 수육이었다. 야들야들한 수육 한 조각을 매콤 칼칼한 고 춧가루 향과 짭짤한 젓갈 향이 코를 찌르는 새빨간 김칫소와 함께 먹으면 힘들었던 지난 12시간은 할만했다는 듯 미화 돼버린다. 그래도 고생한 것을 생색내려고 집을 지키고 있던 누나에게 'NO 김장 NO 수육'을 국회의원이 선거 유세하듯 당당하게 외쳤다. 나의 장난과 다르게 엄마는 수육을 플라스틱 통에 이쁘게 담아 엄마 집으로 가져가셨다.

엄마 집에서 'NO 임신 NO 조카'를 외치던 누나는 엄마께서 싸 온 수육을 한 입 크게 먹고 기쁨의 찡그린 표정을 지었다. 미간이 좁아지고 눈에 주름이 생겼지만 상관없어 보였다. 이런 게 값진 대접이 아닐까? 오랜 시간에 걸쳐 배추와 무를 기르고, 12시간 넘게 김치를 만들고, 한 시간 넘게 고기를 삶고, 15분을 차로 달려 가져온 김장 김치와 수육은 맛있는 음식일 수밖에 없다. 김장 김치와 수육을 맛있게 먹어주는 가족과 같이 식사하며 맛에 공감하는 나. 단순히 살기 위해 먹는 것이 아닌, 맛으로 행복을 느낄 수 있는 요리가 결국 대접인 것 아닐까? 누나를 따라 수육 한 점을 한 입 크게 먹으며 생각했다.

2022년 11월 18일 금요일
2

수육을 먹는 것도 잠시, 일 때문에 해외에 계시던 아빠가 휴가차 한국에 오셨고 토요일 저녁에 하려던 엄마 식사 대접 일정이 갑작스럽게 금요일인 오늘 저녁으로 바뀌었다. 당황하는 것도 사치였던 순간의 시간은 오후 5시 30분. 장을 보고 요리를 해야 했다.

급하게 마트에서 필요한 재료를 사서 돌아오니 여섯시 반이었고 요리는 막걸리 칵테일, 과일 겉절이, 무전, 배추전, 굴 파스타 순서로 만들었다. 요리 과정은 우당탕탕 그 자체였다. 엄마의 부엌에는 무엇이 어디에 있는지 몰라 연신 "엄마! 이거 어딨어?"를 외쳤고 몇 가지 요리를 혼자 하려고 하다 보니 시간은 1시간 반이 넘게 걸렸다. 시간이 오래 걸리니 가족들은 이미 허기에 지치고 지루함에 지쳐버렸다.

우여곡절 끝에 한 상이 차려졌지만, 마지막에 요리한 굴 파스타를 빼고는 모두 대실패였다. 칵테일로 제조해둔 막걸리는 실온에서 쉬어버렸고 초반에 만든 과일 겉절기는 푸석푸석 말라버렸다. 무전과 배추전은 분명 갓 부쳤을 때는 바삭했지만 시간이 지나 눅눅해졌다. 다행히 메인인 굴 파스타는 먹을 수 있었다. 이거라도 따뜻하게 먹을 수 있으면 다행인 거지.

"오 비리지 않고 맛있네. 어떻게 한 거야?"

누나는 굴 파스타가 맛있다며 나에게 레시피를 물어보았다. 엄마는 "무전 맛있다. 이건 진짜 처음 먹어보네. 너무 맛있어 아들"이라고 말하시며 볼품없는 아들 요리를 맛있게 드셔주셨다.

"에이. 막걸리가 다 둥둥 떴네!"

고된 비행을 마치고 돌아온 아빠는 쉬어버린 막걸리 한입을 아쉬워하셨다. 식탁에 앉은 사람 모두 고생해서 요리한 내게 좋은 말을 건네주었지만 사실상 대접이라고 말하기 스스로 부끄러웠다. 이건 대접이 아니었다. 엄마께, 그리고 가족에게 맛있는 요리를 해주고 싶었지만, 시간이 너무 오래 지체되어 쉬고, 마르고, 눅눅해진 요리를 내놓게 되었으니까. 요리해 주는 아들은 대접이 처음인지라 요령이 없었고, 그럼에도 많은 수의 요리를 하고 싶어 과한 욕심을 부렸기 때문이겠다.

식사가 끝나고 설거지는 엄마가 해주셨다. 아들에게 요리하느라 고생했다 말씀하시면서 말이다. 엄마의 말씀을 듣고 깊이 생각해 보았다. 고생한 것과 별개로 이런 방식으로는 대접하기 불가능하다. 맛있고 온전한 요리를 전달해야겠다는 마음이 커졌다. 노력과 정성도 대접의 한 부분이지만 요리는 맛이 근본이기 때문이다. 맛있는 요리를 정성을 다해 차려 드린다는 것. 이게 대접의 기본 이란걸 알게 되었다.

첫 대접은 좋았던 과정, 아쉬운 결과물이라 말해야겠다. 이번 경험을 통해 더 좋은 요리를 짧은 시간에 따뜻하게 대접할 수 있을까 고민하게 되었다. 전략적이고 체계적으로 요리해야 하고, 화려하게 요리하려 욕심내지 않는 것도 중요하다. 오늘은 이렇게 회고하고, 다음 달에 있을 두 번째 대접에는 발전한 아들의 모습을 보여드려야겠다고 다짐했다.

오늘은 엄마와 아빠가 아빠의 둘째 삼촌의 아들의 아들과 아들 애인의 결혼식에 가셨다. 그사이 나는 새로운 요리에 도전했다. 엄마 집 주방 가스레인지 밑에는 가정용 오븐이 있는데, 김장날부터 주말끝까지 엄마 집에 있기로 해서 오븐을 사용해 바스크 치즈 케이크 만들기에 도전했다.

안성에 오기 전, 다이소에 들러 필요한 베이킹 도구 몇 가지를 샀다. 2호 크기의 케이크 틀과 스패출러, 베이킹 저울이 그것이었다. 어제 식사 대접 장을 보면서 크림치즈와 백설탕, 박력분, 생크림도 장바구니에 같이 넣었다. 이 도구와 재료들은 베이킹을 하지 않는 엄마 집에서는 절대 찾을 수 없는 재료이기 때문에 바스크 치즈 케이크를 위해 모두 구매했다.

시곗바늘이 오후 2시를 넘어갈 때 부모님은 누구인지 모를 아주 먼 친척 결혼식으로 출발하셨고 누나와 아기 조카 그리고 나만 집에 남았다. 햇빛이 드는 아파트의 오후 2시는 베이킹 하기 좋은 시간이라고 느껴졌다. 가을과 겨울 사이의 나긋한 햇살이 집안 깊숙히 들어왔기 때문이다.

나는 곧바로 볼에 크림치즈 400그램을 담고 백설탕 120그램을 계량해 넣어 섞기 시작했다. 베이킹에서 계량은 매우 중요하다고 어디선가 들었기 때문에 1그램의 오차도 없이 계량하는 데 집중했다. 볼에 담긴 아주 뻑뻑한 크림치즈가 설탕과 섞이니 부드러워졌다. 고지식한 사람이 누군가와 사랑에 빠지듯 말이다. 설탕이 크림치즈와 같이 녹으면 계란 3알과 함께 섞어준다. 그러면 반죽은 더 크리미해진다. 그리고 생크림 200밀리리터를 넣고 휘핑 치듯 거품기로 섞어주었다. 반죽은 금세 묽게 변했고 마지막으로 박력분 20그램을 체에 걸러 넣어 반죽을 완성했다.

반죽을 새끼손가락으로 살짝 찍어 먹어보았다. 반죽이 너무 맛있어 숟가락으로 퍼먹어볼까 고민했지만 금세 포기하고, 오븐을 200도에 맞춰 예열했다. 그 사이 케이크 틀에 종이 포일을 깔고 반죽을 부어주었다. 레시피에 보니 반죽 안에 공기 방울이 없도록 틀의 바닥을 탁탁 쳐주라고 했다. 탁! 탁! 그리고 무심하게 뜨거운 오븐에 넣었다. 200도에서 30분 알람이 한번 울리고 180도에서 20분 알람이 한 번 더 울렸다. 그리고 10분을 더 구우면 바스크 치즈케이크의 꽃인 검게 태워진 케이크 윗부분이 만들어진다. 이미 집안은 오븐에서 나오는 케이크 냄새로 가득했다.

케이크를 오븐에서 꺼내는 순간 아기 조카가 다가왔다. 아기 조카는 "삼! 빠앙 빠~앙"을 외치며 '나는 귀여움이 넘치니 삼촌은 어서 케이크 한 입을 제공해'라고 말했다. 종이 포일 가장자리에 붙어있는 쪼가리를 떼어 주었다.

"어때? 맛있어?"

내 질문에 아기 조카는 만족스러운 듯 웃으며 고개를 끄덕였다. 나도 똑같이 포일에 붙어있는 작은 조각을 먹어보았다. 아직은 따뜻해 말랑말랑한 케이크 조각은 치즈의 풍미와 은근한 달콤함이 배어 있었다. 지금 당장 바로 퍼먹고 싶은 그런 맛이었다(이또한 포기했다).

저녁 8시가 넘어 돌아오신 엄마께 바스크 치즈케이크를 만들었다고 했다.

"오븐 괜찮았어? 이사 와서 한 번도 안 썼는데."

걱정하는 엄마께 나는 신난 마음으로 시식을 요청했다. 엄마는 겉옷만 급하게 벗고 주방으로 오시더니 "그래 이거. 지난번에 카페에서 너랑 먹었던 거잖아"라고 말씀하시면서 포크를 집어 한 입 드셔보고는 맛있다는 표정을 지어 보이셨다. 나도 한 입 먹어보았다. 이건 성공이다. 달콤한 성공의 맛이다. 어제 엄마께 잘해드리지 못한 식사를 오늘 바스크 치즈케이크로 대신한 느낌이었다. 엄마와 오늘 밤은 한 조각만 나누어 먹고 내일 아침 커피를 내려 또 먹자고 약속했다.

'엄마께 식사 대접' 프로젝트의 첫 대접이 우여곡절 끝에 지나갔다. 첫 식사 대접을 해드린 지 벌써 열흘이 지났다. 열심히 준비한 것에 비해 결과가 너무 초라해 속상한 마음이 들어 열흘 동안 자료를 정리하는 것 외에 아무것도 하지 않았다. 그럼에도 다시 이렇게 글을 타이핑하는 것은 그래도 나는 대접하겠노라 하는 다짐이다. 역시 중요한 건 꺾이지 않는 마음 아니겠는가.

요즘 내 일상의 키워드는 삶의 '정의'를 찾아가는 것이다. 간단하게 정의하면 될 것을 왜 마음에 쏙 드는 정의를 찾아다니는지…. 나도 참 유난이다. 죽음까지 쉬지 않고 이어지는 탄생 이후의 여정에서 '어떻게 살고 싶은가?'에 관한 질문을 계속 던지고 있다. 답을 찾기 위해 잘 다니던 꼰꼰 건축을 퇴사했고, 질문에 답하기 위해 <퇴사 사유서>를 만들어 독립출판 작가가 되었다. 그래도 답이 없어 한 달 전부터는 프리랜서 디자이너로도 살고 있다. 남들처럼 이직할 수도 있었고 아니면 호기롭게 창업할 수도 있었다. 그러지 않은 이유는 단순한 듯싶다.

단지 그렇게 살고 싶지 않았을 뿐이었다.

그러나 엄마께 대접해 드리고 있는 건 그렇게 살고 싶어서이다. 살고 싶은 삶을 살기 위해, 누군가에게 대접할 수 있는 삶을 살아보고 싶어 시작한 것이다. 지금까지 수많은 사람과 상황에 사랑을 받기만 해왔기에 이제는 나도 사랑을 주고 싶기 때문이다. 그런 삶을 한번은 살아보고 싶기 때문이다. 어쩌면 이게 내가 살아가는 이유의 답이 될 수도 있겠다는 희망과 함께.

오늘 점심은 뭘 먹을까 고민했다. 겉은 뜨겁고 안은 차가운 오래된 냉장고는 마땅한 재료를 품고 있지 않았다. 장을 보기에 귀찮은 나머지 집 근처 써브웨이 샌드위치를 먹을까, 아니면 집에 있는 라면을 끓여 먹을까 고민했다. 오늘은 요리하기 성가시니 라면이다. 싱크대 위 찬장을 열어보니 라면은 짜파게티뿐이었다. 오늘은 내가 짜파게티 요리사가 되는 것을 원치 않았다. 결국 집 앞 편의점으로 향했다. 집에서 편하게 입는 반바지에 후드티를 입고 편의점에서 빨간 봉투의 라면을 사고 돌아오는 길이었다. 쌀쌀한 온도, 바삭한 공기, 햇빛의 각도, 널찍한 공간감, 주변 인구 밀집도. 여기에 내가 있다는 사실이 어색했다. 낮 12시 11분, 이 시간에 출근하지 않고 자우로이 집 앞 편의점을 들르는 게 이질적으로 느껴진다.

벌써 출근을 멈춘 지 8개월이 지난 시점이었지만 자유로운 생활은 아직도 어색하다.

나는 어떻게 살고 싶냐고 스스로 물었다. 아직 그 답은 우물쭈물 이다. 창작가로 살고 있고, 프리랜서로 살고 있고, 대접하며 살고 있지만 이런 삶이 사실 아직은 어색하다. 짐작건대 시간이 더 흐르고 몸에 배어야 괜찮아질 것 같다. 대접하는 삶도 대접하고 대접하다 보면 어색함이 없어지겠지. 아니면 어색한 것이 무뎌져서 어색한지 모른 체 어색하거나. 살고 싶은 삶을 살고 있다고 해서 그 삶이 뿅 하고 내 것이 되지는 않는다. 그러니 현재의 우물쭈물은 삶의 정의를 찾아가는 과정이라고 생각하기로 했다.

그러니 이제 한번 해본 대접하는 삶도 어색한 게 당연한 것 아닐까. 내년 봄에는 나도 대접하는 삶이 자연스러워질까? 내가 살고 싶은 삶에 익숙해져 어색함이 없어질까? 아무렴. 내가 살고 싶은 대로 사는 거지. 오늘도 나는 답을 찾지 못한 채 어색하게 살아간다.

둘 대접

십이월, 가족 그리고 함께 식사.

만두피 라비올리

재료

만두피, 표고버섯, 베이컨, 두부, 리코타 치즈, 파마산 치즈, 파슬리,
양파, 사골국물, 생크림, 버터, 후추, 소금

사골 크림소스 준비하기

양파 반개를 아주 아주 아주 아주 잘게 다져줍니다.

냄비를 약불에 올리고 약한 불에 버터를 녹여주세요.

잘게 다진 양파를 넣고 투명해질 때까지 볶아줍니다.

사골국물과 생크림을 넣고 뭉근히 끓입니다.

*취향에 맞게 사골 국물과 생크림 비율을 조정해 주세요.

요리하기

베이컨과 표고버섯을 잘게 다져 볶아줍니다.

물기를 뺀 두부를 으깨고 볶은 베이컨, 표고버섯과 으깬 두부, 리코타
치즈, 갈은 파마산 치즈를 볼에 넣고 뭉쳐주듯 섞어 속을 만들어줍니다.

만두피 위에 속을 한 숟가락 가득 올리고

속 밑에 깔린 만두피 가장자리를 소량의 물로 적셔줍니다.

그 위에 만두피 한 장 덧대어 덮고 가장자리를 손으로 꾹꾹 눌러주세요.

가장자리는 포크로 한번 더 눌러주어 이쁘게 모양을 잡아줍니다.

이 과정을 원하는 만큼 반복해주세요(만두 만들기와 비슷합니다).

물이 담긴 냄비에 소금 작은 한 숟가락을 넣고 끓여줍니다.

물이 끓으면 만두피 라비올리를 2분 동안 익혀주세요.

만두피 라비올리는 건진 다음 깊이가 있는 그릇에 담아줍니다.

그리고 미리 만들어둔 사골 크림 소스를 부어주면 완성됩니다.

'엄마께 식사 대접'을 시작할 때부터 12월 대접은 연말에 맞춘 페스티브(festive, '크리스마스 때의'라는 표현) 요리를 염두에 두었다. 이 또한 순수하게 하고 싶은 마음이 들어 결정했다.

오후 1시. 동네 카페에 차가운 아메리카노를 시켜놓고 자리에 앉아 페스티브 요리 아이디어를 모으기 위해 인터넷을 뒤적뒤적했다. 검색창에 크리스마스 파티 혹은 연말 파티라는 검색어를 넣으면 나오는 각종 레시피를 구경했다. 오븐에 구운 로스트 치킨, 채끝 한우 스테이크, 구운 야채, 메쉬드 포테이토, 훈제 연어 샐러드, 아이스크림 샌드위치, 징글뱅글 주스, 상그리아, 갈릭 허브 버터 감자 등 연말 식사에 어울리는 화려한 요리들이 눈에 들어왔다. 찾아본 레시피 중에는 서양식 요리 외에도 연말 식사에 어울리는 한식도 있었다. 한우구이, 강된장과 같이 먹는 배추 말이, 감자전, 솥 밥 같은 것들이었다.

스크롤을 내려도 끝없이 나오는 연말 요리를 마주하다 보니 결국 우리 가족만의 페스티브 요리는 무엇이 있었는지 휴대폰 사진첩을 꺼내 보기로 했다. 분명 사진첩 어딘가에 가족과 연말을 축하하며 먹은 음식들이 있을 텐데⋯. 하지만 휴대폰 대신 차가운 아메리카노가 담긴 컵을 집어들어 쭉 빨아 마셨다. 대접하는 삶을 살아도 당장 밥값(오늘은 커피값)을 벌려면 프리랜서 디자인 일을 처리해야 했기 때문이었다.

오후 10시 반. 결국 밤이 돼서야 사진을 찾아보았다. 분명 매년 가족과 함께 크리스마스를 기점으로 연말 식사를 했던 것 같은데 사진은 2021년과 2016년 기록밖에 없었다. 그러고 보니 머나먼 곳에서 공부할 당시에는 가족과 연말을 보내지 않았었구나. 어렴풋함은 내 기억마저 착각하게 만든다.

달랑 몇 장의 사진과 흐릿한 기억으로 추적한 우리 가족의 연말 식사에는 몇 가지 공통점이 있었다. 먼저 고기를 굽는다. 보통 투뿔 한우구이나 스테이크를 먹었다. 그리고 특별한 이벤트로 여겨지는 연말 식사에는 고기와 어울리는 레드 와인이 빠지지 않았다. 가족 누구도 와인에 대한 해박한 지식은 없어서 어디서 들어본 듯한, 마트 진열대에 이쁘게 올려진 가성비 좋은 와인을 골라 마셨다. 그리고 믿을지 모르겠지만 당시 성인 4명이었던 우리 가족은 와인 한 병을 식사 내내 나누어 마셨다. 당연히 그 누구도 취하지 않았다. 마지막으로 케이크를 먹는

다. 왜 굳이 케이크를 먹냐고 하면 그 이유를 명확하게 대답할 수 없지만, 무엇이든 (그 무엇을 모를 때에도) 축하하려면 케이크가 필요하니까.

어렴풋한 기억을 들춰보니 나는 가족과 함께 연말 식사를 즐겨왔다. 스시 오마카세나 파인 다이닝을 가지 않아도 집에서 즐거운 분위기를 내며 맛있는 음식을 해 먹는 게 우리 집의 소소한 전통이라고 느껴졌다. 올해는 조금의 변화가 있는 메뉴로 대접 겸 연말 식사를 꾸리면 가족 모두가 좋아할 것 같다. 상다리가 부러질 듯 많은 양의 요리를 하면 좋겠다 생각했지만, 첫 대접에서 배운 교훈에 맞춰 상다리는 부러뜨리지 않기로 했다.

오늘 스쳐 지나간 수많은 요리 중 고민 끝에 결정한 메뉴는, 첫 번째로 입맛을 돋우어 줄 제철 과일샐러드다. 과일을 좋아하는 엄마를 위한 메뉴다. 12월에는 귤이 제철이니, 귤을 활용해 올리브오일, 양파, 후추, 화이트 발사믹으로 맛을 낸 샐러드를 기획했다. 외국의 한 요리 유튜버에게 영감을 받고 내 아이디어를 더해 요리할 계획이다.

두 번째는 메인 디쉬가 될 요리는 구운 채소를 곁들인 스테이크이다. 스테이크는 콜드 시어링이란 방식으로 가정집에서도 스테이크를 그럴싸하게 구울 수 있는 법을 발견했다. 식당 주방 수준의 아주 센 불과 고급 스테인리스 팬 없이도 맛있게 스테이크를 굽는 기법이다. 여태 집에서는 스테이크를 식당에서 사 먹는 것처럼 맛있게 요리하지 못했기 때문에 가정식 요리 테크닉을 찾아다니다 만난 게 콜드 시어링 방식이었다. 그리고 가니쉬로 삶은 감자, 당근, 미니 양배추, 파프리카를 오븐에 구워 겉은 바삭하고 속은 촉촉한 구운 채소를 하려 한다. 덧대어 나만의 비법인 스테이크 소스로 루꼴라 페스토를 사용하기로 했다. 루꼴라 페스토는 지난여름 혼자 만들어 먹었는데 맛이 근사해 엄마께 소개해 드리고 싶었던 요리이다.

세 번째는 멀드 와인(mulled wine)이라고 알려진 따뜻한 와인을 디저트로 만들 예정이다. 레드와인에 시나몬 스틱과 과일, 꿀을 넣어 뭉근하게 끓여 따뜻하게 마시는 페스티브에 어울리는 와인이다. 영국 유학 때 겨울에 걸리는 크리스마스 마켓에서 자주 먹었던 음료다. 멀드 와인은 식사 후 케이크와 과일을 먹으며 한잔할 수 있게 준비할 예정이다.

메뉴를 정하고 보니 연말에 엄마께 식사를 대접한다는 건 어떤 의미가 있는지 궁금해졌다. 대접하는 삶을 살아보고 싶어 시작했지만, 과연 이 대접의 과정이 나에게 어떤 의미인지 말이다. 오늘 밤, 곰곰이 생각해 보다 잠에 들어야겠다. 어쩌면 꿈에서 그 해답이 나올지도 모르니까.

　오늘은 미루어 두었던 고민의 실뭉치를 풀어헤쳤다. 고민은 꼬리에 꼬리를 물듯 생각의 끝에서 다른 생각으로 끝없이 이어졌다.

　나는 어떠한 이유를 가지고 엄마께 12월 식사를 대접하려고 하는 것일까? 나에게 연말은 어떤 시간일까? 왜 사람들은 12월에 모여 밥을 먹고 축배를 드는 것일까? 나는 어떤 연말을 보내고 싶은가?

　노트북을 펼쳐 텅 빈 인터넷 창에 검색해 보았다. '왜 연말 모임', '연말 모임 이유', '크리스마스 연말 모임'. 처음 써보는 우스꽝스러운 단어 구성으로 연말 식사 대접의 이유를 찾아 나섰다. 인터넷 세상은 또렷한 듯 아득해서 손에 잡히는 것이 없었다. 내 속을 시원하게 해주는 이유는 못 찾았지만, 사람들이 연말 모임과 크리스마스 파티에 성의와 진심을 다하는 걸 알 수 있었다(어찌나 그리 성대하게 축하하는지 놀라움을 감추지 못했다). 12월은 한 해 안에 있는 하나의 달 이상의 의미이고, 크리스마스는 이천 몇십 년 전 예수의 탄생을 기념하는 날 그

이상의 의미였다.

12월과 연말(年末)은 한 해의 마지막 무렵이다. 년(年)의 마무리와 일치하는 즈음. 올해 무엇을 해내었고 잘했는지, 혹은 무엇을 하지 않았는지 축하하는 시간이고, 어찌어찌 저찌저찌했지만 그래도 한 해를 잘 버틴 것을 축하하기도 하며, 인생의 의미보다 그저 열심히 살았던 지난 열두 달을 축하하는 시간이다. 그래서 연말은 축하의 즈음이다. 수고했고, 잘했고, 버텼고, 살았음을 축하하는. 고민의 실뭉치를 풀어헤치니 어떤 마음으로 요리해야 하는지 뭉근하게 느껴졌다.

이 고민 전에 식사 대접 요리를 파티 음식으로 정한 것은 어찌 보면 다행이었다. 한 해를 되짚으며 축하하기 좋은 식사가 될 수 있기 때문이다. 물론 내가 요리만 망치지 않는다면 말이다. 요리를 잘 해내는 것과 더불어 지난달 해드렸던 식사 대접과 다르게 이번에는 대접의 마음도 준비해 보려 한다. 축하하는 마음 또한 식사에 한 번 담아보려 한다.

오늘은 망한 날이다. 일주일 뒤에 있을 두 번째 대접을 위해 연습한 콜드 시어링에 실패했다.

간만에 산 소고기였다. 소고기는 호주산이었고 얇은 구이용 고기였다. 망하고 나서 생각해 보니 구매한 소고기는 지방이 적은 부위였다. 기름이 적은 부위라서 그랬을까? 아니면 3-4cm의 두툼한 스테이크용이 아닌 얇은 구이용 고기가 문제였을까? 혹시 나의 테크닉의 문제였을까? 모든 게 문제였을지도 모르겠지만 실패한 소고기는 퍽퍽하고 질기고 육즙이 빠져나간 따뜻한 고무 고기가 되었다.

굽는 방법은 문제가 없었던 것 같다. 그러나 굽는 과정에서 고기에 크러스트(고기나 빵을 구울 때 생기는 갈색의 바삭하고 딱딱한 부분)가 생기지 않았다. 크러스트는 뜨겁게 달구어진 팬에 눌려 튀겨진 느낌이어야 하는데 오늘 구운 소고기는 밋밋한 고기 색을 띠었다. 불 조절이 적절하지 않았다고 생각이 든다. 또 다른 문제는 고기를 굽기 시작할 때 육즙이 맥없이 고기 밖으로 나와

버린 것이다. 당황한 나는 올리브오일을 붓고 센불로 크러스트를 만들어 육즙을 가두어 두려고 했지만, 노력을 비웃듯 육즙은 고기의 품에서 즈르륵 흘러나갔다. 결국 색도, 촉촉함도, 풍미도 없는 고기가 동그랗고 하얀 그릇에 올라갔다. 입안에서 전혀 녹지 않는 고무 고기 한 접시였다.

오늘은 소고기를 같이 먹으려고 친구 K를 불렀다. 요리에 실패하고 잘 못 불렀다는 생각이 들었다. 아니나 다를까, 그는 필터 없이 나를 비웃으며 놀렸다. 나름 구운 양파를 올려 플레이팅으로 초라한 소고기를 가리려 했지만 소용없었다. 양파의 의도를 정확히 파악한 K의 놀림에 나는 멋쩍은 웃음을 지었다. 그럼에도 고무 고기 그릇을 깨끗이 비워준 K에게 감사를 표한다.

오늘 연습의 결론은, 영상으로 배운 콜드 시어링은 스테이크를 구울 때 사용하는 기법이기 때문에 얇은 구이용 소고기에는 적합하지 않았다는 것으로 정리한다. 콜드 시어링을 고기구이의 치트키처럼 생각했던 나의 오만을 인정하는 걸로 회고했다.

저녁 식사로 소고기를 다 먹을 즈음 책상에 있던 휴대폰에 진동이 울렸다. 무심코 화면을 보니 누나가 보낸 메시지가 와있었다. 휴대폰은 집어 들어 잠금을 해제하고 메시지를 확인했다.

- 17-18일에 매형도 온대. 양을 늘려야 할 듯
- 응^^?

　답장의 텍스트는 웃고 있었지만, 나의 표정은 그렇지 못했다. 두 번째 대접에 예상했던 식사 인원에 매형이 추가되어 식탁이 커져야 한다는 이야기였기 때문이다. 매형은 고기를 사랑하는 육식파의 사람. 누나는 매형까지 먹으려면 스테이크를 1kg 정도 구워야 하지 않겠냐고 말했다. 소고기 한 근(600g)을 사려는 나의 계획에 1.6666666666배에 달하는 고기가 필요할 거라는 말이었다.

　마침 오늘 콜드 시어링 연습에 실패했는데 이런 메시지까지 오다니. 이것은 실패를 이겨내고 기필코 맛있는 스테이크를 구워낼 거라는 하나의 드라마 에피소드 같았다. 과연 나는 이 드라마를 해피 엔딩으로 끝낼 수 있을 것인가. 걱정이 드리운 밤이다.

2022년 12월 16일 금요일

오늘은 금요일이다. 내일 있을 대접을 위해 막바지 준비를 했다. 엊그제 마켓 컬리에서 미니 양배추와 귤, 화이트 발사믹 등을 주문해 안성 엄마 집으로 보냈고 오늘은 메뉴를 다시 한번 정리하며 레시피를 다시 찾아보았다. 오늘은 콜드 시어링 스테이크뿐만 아니라 구운 채소, 귤 샐러드, 멀드 와인, 루꼴라 페스토까지 레시피 영상을 찾아보고 외웠다.

이번 대접에서는 첫 번째 대접 때 겪은 시행착오를 반복하지 않기 위해 시간 계획을 짰다. 이번에는 식사 3시간 전부터 요리를 시작할 것이다. 실온에 노출되어도 되는 메뉴부터 준비하고 스테이크를 제일 마지막에 구워 바로 먹을 수 있게 준비하도록 계획했다. 구운 채소는 두 차례에 걸쳐 만들기로 했는데, 레시피 영상에서 얻은 팁은 익는 시간이 비슷한 재료끼리 굽는 것이었다. 양파, 미니양배추, 미니 파프리카를 한 트레이에 모아서 굽고 구황작물인 감자와 당근은 따로 모아서 구워줄 것이다. 귤 샐러드는 공기에 오래 노출되면 과일이 건조해지기 때문에 스테이크를 굽기 직전에 만들고 스테이크는 콜드 시어링으로 굽고 5분간 레스팅 한 후 바로 썰어서 식사 시작에 맞춰 내놓을 것이다. 그리고 첫 번째 대접의 경험으로 엄마 주방에 익숙해져 필요한 재료나 기구가 어디에 있는지 알고 있어 우왕좌왕하는 시간을 대폭 줄일 수 있을 것이다. 물론 이건 나의 희망 사항이다.

준비는 다 되었다. 혹시 내일 있을 식사 대접이 망해도 그것 또한 경험이니 가볍고 즐겁게, 하지만 감사한 마음으로 식사 대접을 해드릴 거다. 대접한다는 것은 맛과 요리뿐만 아니라 만드는 사람의 마음까지도 드려야 하는 거니까.

2022년 12월 17일 토요일

1

    낮 12시 20분. 남부터미널에서 출발한 안성행 버스는 엄마 집 근처 정류장에 도착했다. 묵직한 백팩 가방을 어깨에 걸치고 버스에서 내렸다.

    길에는 눈이 아직 녹지 않고 쌓여있었다. 들어보니 엊그제 안성에는 눈이 펑펑 쏟아졌었다고 한다. 녹다 얼기를 반복한 길이니, 펭귄 걸음으로 아장아장 엄마 집으로 향했다. 집에 도착하니 아기 조카가 제일 먼저 나를 맞이해 주었다. 조카는 삼촌인 나를 '삼'이라고 부르는데 아직 발음이 부정확해서 '땀'과 '삼' 그 중간 어느 귀여운 발음으로 불러준다. 3주 만에 도는 삼촌이 반가웠는지 아기 조카는 웃음을 멈추지 않았다. 적어도 나는 그랬다고 믿고 있다.

    내가 도착하고 얼마 지나지 않아 매형도 도착했다. 엄마는 할머니 치과 방문을 위해 잠시 외출 중이셔서 나는 누나, 매형, 아기 조카와 함께 장을 보러 갔다.

    녹지 않은 눈에 미끄러지지 않게 조심하며 종종 걸음으로 마트에 들어갔다. 스요일에 마켓컬리에서 몇 가지 식재료를 주문했지만, 오늘은 눈으로 봐야 하는 재료를 사기위해 마트를 직접 방문해야했다.

과일 코너에서 레몬과 라임, 오렌지를 고르고 야채 코너에서 허브와 새싹 채소를 샀다. 마침 옆에 감자와 당근이 쌍으로 있어 함께 카트에 담았다. 그리고는 안쪽으로 이어지는 고기 코너로 향했다.

스테이크 고기는 적어도 4~5센티의 두툼함이 있어야 한다. 아쉽게도 진열된 고기들은 모두 구이용이거나 국거리용 고기였다. 잠시 실패한 고무 고기가 생각나 아찔했다. 카트를 세워놓고 다시 천천히 들여다보았다. 진열대 중간에 아주 작게 '스테이크'라는 사인을 찾았다. 스테이크용으로 정육 된 소고기는 4센티 정도로 두툼했고 600g 언저리로 계량된 부챗살과 척아이롤 두 종류의 부위가 진열되어 있었다. 1kg 넘게 사야했으니 고민없이 각각 한 팩씩 집어 들어 카트에 넣었다.

누나와 매형은 내가 야채와 고기를 고를 동안 광활한 마트 어딘가에서 아기 조카에게 줄 뽀로로 털장갑과 다양한 종류의 떡뻥(쌀과자)을 들고 왔다. 아기 조카는 자신을 위해 누나와 매형이 돌아다니는 걸 전혀 모른 체 유모차에 누워 쿨쿨 자고 있었다.

계산대에서 직원분이 삑- 삑- 제품의 바코드를 하나씩

스캔했다. 티끌 모아 태산은 돈 모을 때 쓰는 게 아니라 쓸 때 하는 말이었나? 몇 가지 안 산 것 같은데 15만 원이나 나왔다. 할부로 하면 할부의 티끌이 모이니 쿨하게 일시불로 계산해 나왔다. 덕분에 통장 잔고도 시원하게 비워졌다.

돌아오는길, 장바구니에는 오늘 요리할 식재료가 가득했다. 가득 채워진 장바구니를 보면 추운 겨울이어도 따듯해진다고 해야 할까? 바깥 기온은 따뜻하지 않지만(나의 통장 잔고도) 기분은 따듯한 연말이다. 이제 식사 대접을 위해 요리를 시작 할 시간이다.

낮 3시. 장바구니 가득 채워 엄마 집으로 돌아왔다. 도착한 지 얼마 안 되어서 엄마도 할머니 병원 일정을 마치고 집에 돌아오셨다. 다행히 그간 안 좋던 할머니 컨디션이 좋아졌다는 소식을 전해주셨다.

엄마와 짧은 대화를 나눈 후 나는 곧장 요리를 시작했다. 식사 대접 목표 시간은 저녁 6시다.

제일 먼저 루꼴라 페스토를 만들어야 한다. 스테이크 소스로 쓰일 예정이라 마트에서 사 온 루꼴라 한 팩을 다 써버렸다. 블렌더를 찾아 올리브유와 루꼴라를 넣고 무자비하게 갈아주었다. 거기에 채를 썬 파마산 치즈와 볶은 땅콩을 부숴 같이 섞어 준다. 소스니까 짭짤한 맛을 위해 소금간도 해주었다.

두 번째는 구운 채소이다. 이건 두 차례로 나누어 오븐에 조리했다. 먼저 미니 양배추, 양파, 미니 파프리카를 비슷한 크기로 썰어 스테인리스 볼에 담아준다. 그리고 올리브유와 각종 허브, 소금, 후추를 넣고 뒤적뒤적 버무린다. 그리고 오븐 트레이에 겹치지 않게 펼쳐준다. 펼쳐

줘야 하는 이유는 겹치는 부분이 있으면 야채 자체에서 나오는 수분으로 구이가 아닌 찜이 되기 때문이다. 210도로 예열한 오븐에 20분 정도 구워주었다. 그리고 한번 뒤집은 다음 15분 정도 더 구워주었다. 꺼내보니 노릇노릇 아주 잘 익어있었다.

첫 트레이가 구워지는 사이 감자와 당근 껍질을 벗겼다. 비슷한 크기로 썰어준 후 끓는 물에 10분 동안 삶았다. 물기를 빼고 올리브유와 버터를 녹여 버무리고 간을 해주었다. 그리고 190도로 예열된 오븐에서 30분을 구웠다. 30분 후 겉이 바삭해진 감자를 꺼내 바닥이 평평한 머그잔으로 눌러 납작하게 해준다. 이때 로즈마리와 타임을 납작해진 감자 위에 줄기째 올려준다. 그리고 오븐에 다시 넣고 25분 구워준다. 그러면 겉이 살짝 노릇해져 바삭한 구운 감자와 당근이 만들어진다.

그다음 순서는 멀드 와인이다. 오렌지 한 개, 라임 한 개, 레몬 한 개를 식초 물에 깨끗이 씻어준 뒤 조각으로 썰어주어 레드 와인 한 컵, 설탕과 함께 센 불에서 졸여주었다. 이렇게 하면 멀드와인 시럽이 완성되는데, 시럽은 잠시 뒤로 빼두었다 먹기 전에 레드 와인과 섞어 끓여야 한다.

네 번째로 귤 샐러드를 만들었다. 마켓 컬리에서 시킨 제주 타이벡 귤 5개의 껍질을 벗기고 가로로 슬라이스

해준다. 요리 레시피를 찾으면서 보았던 크리스마스 리스 플레이팅을 해주었다. 큰 접시 가운데 작은 그릇을 뒤집어 올려주고 그릇 가장자리를 따라 새싹 채소와 슬라이스 된 귤을 올려주면 된다. 귤 샐러드의 드레싱은 올리브유, 소금, 화이트 발사믹을 섞어 상큼한 향이 나는 드레싱을 만들었다. 드레싱을 부어주고 마지막에 후추를 소량 뿌려준다.

정신없이 샐러드까지 준비하니 마지막 요리인 스테이크만 남았다. 스테이크를 하기 직전에 식탁 세팅을 하기로 했다. 누나와 함께 온 가족이 둘러앉을 수 있는 큰 식탁을 내오고 엄마 집에서 제일 이쁜 그릇들을 꺼내었다. 미리 준비한 음식은 그릇에 담아 식탁 가운데 나누어 먹기 좋게 배치했다. 그리고 자리마다 넓적한 개인 접시를 놓고 루꼴라 페스토와 핑크 소금 조금을 각 그릇 한쪽에 올려두었다.

"엄마! 밥 다 됐어! 얼른 와!"
안방에 계신 엄마께 소리치고 바로 스테이크를 굽기 시작했다. 콜드 시어링 영상에서 본 것처럼 타이머를 맞춰가며 2분에 한 번씩 뒤집어 주었다. 다행히 육즙은 빠져나오지 않았고 크러스트도 형성되었다. 마지막 2분이 끝났을 때 5분 동안 레스팅을 해주었다. 레스팅한 스테이크를 도마에 옮겨 잘라보았다. 스테이크는 미디엄 정도로 위아래 모두 균등하게 익어있었다. 기쁨보다 안도에 더 가까운 감정이 가슴속에 올라왔다. 성공한 것만으로 스스로 칭찬해 주고 싶었다. 나는 스테이크를 나누어 먹기 좋게 길쭉하게 썰어 접시에 올렸다.

스테이크까지 식탁에 올라가던서 두 번째 식사 대접, 연말 식사 대접이 시작되었다.

요리를 시작하고 3시간 후, 메인 요리인 스테이크가 식탁 가운데로 올려졌다. 다 차려진 한 상을 보니 뿌듯한 마음이 들었다. 비록 상다리가 부러질 정도의 많은 양은 아니었지만(엄마 집 식탁은 꽤 튼튼했다) 내가 3시간 동안 노력해 만든 식사이니 말이다. 가족들은 '이건 뭐고 저건 뭐야'를 외치며 요리에 관해 질문했다. 음식을 코앞에 두고 루꼴라 페스토가 무엇인지 설명하고 구운 채소는 얼마나 공들여 만들었는지, 스테이크를 잘 굽기 위해서 내가 어떤 레시피 영상을 찾아보고 연구했는지 자랑스럽게 마구 떠들어댔다. 다행히 가족들은 말 많은 나의 이야기를 호기심 어린 눈빛으로 들어주었다.

식구들은 각자 접시에 샐러드, 구운 채소, 스테이크를 옮겨 담아 먹었다. 엄마를 위한 식사 대접이지만 엄마는 가장 늦게 식사를 시작하셨다. 아기 조카를 챙기신 후 제일 마지막으로 스테이크와 구운 채소를 집어 가셨다. 아들이 식사를 차려주는 오늘도 엄마는 가족을 챙기는 걸 제일 우선으로 하신다. 덕분에 아기 조카는 자신을 위해 따로 차려진 식사를 맛있게 할 수 있었다.

스테이크가 담겨 있던 접시는 금세 비워졌다. 나는 곧 장 자리에서 일어나 또 스테이크를 굽기 위해 주방으로 돌아갔다.

"조금 더 웰던으로 구울 수 있을까?"

누나가 말했다. 알고 보니 매형은 핏기가 있는 고기를 잘 못 먹는다고 했다. 그래서 처음 미디엄으로 구운 스테이크를 먹고 이번엔 속까지 익힌 웰던으로 부탁했다. 그렇게 웰던으로 구운 고기는 네 생각과 다르게 질기지 않았고(아마도 나의 고정관념이 아닐까) 소고기 풍미도 좋아서 모두가 즐기며 먹을 수 있었다. 스테이크는 그 후 한 번 더 구워졌고 모든 식사가 마무리되었을 때 오늘 준비한 음식은 우리 가족의 뱃속으로 그 존재를 감추었다.

메인 식사가 끝나고 상을 한번 정리했다. 그리고 디저트인 멀드 와인을 준비했다. 미리 오렌지, 라임, 레몬, 설탕을 넣어 조린 와인 시럽에 남은 레드와인 한 병과 시나몬 스틱을 넣어 팔팔 끓였다. 몇 분 후 와인 향이 주방에 잘 퍼졌고 달콤하고 향긋한 맛을 기대하며 반 숟가락 맛을 보았다.

"웩!"

맛을 본 내 혀는 찌릿찌릿했다. 첫맛은 새콤달콤한 시트러스 과일 향이 났고, 중간 맛은 풍미 있는 포도 향이 났는데 끝맛은 떫고 쓴게 아닌가. 내가 먹었던 멀드 와인과 확연하게 다른 맛이었다. 어쩐지 오늘 식사 대접이 잘 진행된다 싶었다.

급하게 불을 끄고 엄마께 조언을 구했다. 엄마는 와인의 떫은맛이 올라왔을 수도 있다고 하셨다. 그리고 자세히 보시면서 같이 넣어 끓이던 과일을 꺼내 맛보시고 말했다.

"이거네, 이거."

와인과 과일을 너무 오래 그리고 팔팔 끓여서 떫게 되었다는 엄마의 진단이 나왔다. 당황한 나는 인터넷에 검색해 보았더니 멀드 와인이나 뱅쇼를 만들 때 너무 오래 끓이면 와인이나 과일 껍질에서 타닌이라는 성분이 나와서 떫어질 수 있다고 한다. 미처 레시피를 배울 때 알지 못했던 사실이었다. 다음에 만들 때는 펄펄 끓이는 대신 뭉근하게 데워주고 과일의 껍질은 벗겨 넣는 게 좋겠다고 생각했다. 식사대접의 마무리인 디저트를 실패한 게 아쉽지만, 무엇인가 하나 배웠다고 생각했다.

떫은맛을 없애기 위해 꿀을 넣어 응급조치한 멀드 와인은 나와 엄마만 한 컵씩 먹기로 했다. 대신 다른 디저트로 낮에 누나와 매형이 사 온 딸기 초콜릿 생크림 케이크를 나누어 먹었다. 딸기가 듬뿍 올라가 있었고 크리스마스와 잘 어울리는 케이크였다. 케이크를 꺼내 박스 위에 올려놓고 식탁 위 조명만 켜둔 채 크리스마스 캐롤을 틀었다. 크리스마스 분위기가 풍겼다. 분위기를 즐기며 실패한 멀드 와인과 달콤한 케이크를 나누어 먹었다.

케이크를 자르기 직전, 아기 조카는 케이크 위에 올려진 딸기를 맨손으로 집어 뜨으려 유아용 의자에서 기어 나와 식탁에 올라가는 바람에 누나에게 혼이 났다. 혼이 난 아기는 삐쳐서 고개를 홱 하그 돌렸다. 그리고 귀여운 얼굴로 삐친 입술을 쭈-욱 내밀었다. 이 모습을 본 누나는 곧장 핸드폰 카메라를 켜 아가의 삐친 모습을 기록했다. 혼났다고 삐친 모습이 얼마나 귀엽고 우스웠는지 식구가 모두 아기 조카를 보며 웃었다.

2022년 12월 27일 화요일
홀로서기가 혼자 서 있는게 아니기를.

두 번째 식사 대접을 하고 열흘이 지났다. 첫 대접과 다르게 이번 대접은 나름 성공적이었다. 돌아보니 불안한 점도 있었으나 가뿐히 이겨내었고 성공할 것 같았지만 결국 실패로 돌아간 요리도 있었다. 성공과 실패 사이에는 따듯한 식사가 있었다. 가족이 모여 같은 음식을 같은 시간에 먹은 것 자체로도 의미 있는 연말 식사였고 기분 좋은 대접이었다.

맨체스터 유학 시절, 크리스마스와 연말은 항상 외로움의 시간이었다. 많은 친구들이 (그 거리가 얼마나 멀든 간에) 고향으로 돌아가고 맨체스터에 남은 소수의 유학생 친구들과 크리스마스와 연말을 보내고는 했다.

크리스마스 날의 맨체스터 길거리에는 사람 한 명이 없고 모든 가게가 문을 닫는다. 마치 한국의 설날처럼. 늦어도 크리스마스 전전날 미리 먹을 음식이나 재료를 사 놓아야 하고 은행이나 우체국 업무도 미리 마쳐야 한다.

가족과 함께 할 수 없어 외로웠지만 그렇다고 기숙사에서 <나 홀로 집에>를 찍은 것은 아니었다. 맨체스터에 남은, 몇몇은 어색하기도 한 친구들과 함께 로스트 치킨을 해 먹거나 삼겹살을 구워 먹기도 하며 따뜻한 연말을 보내려고 노력했다. 노력에도 불구하고 마음 한편에는 나에게 제일 소중한 사람들과 보내지 못하는 것이 시리기도 했다. 유학생의 구슬픈 운명이랄까.

2022년 3월 말, 퇴사를 하며 제일 중요한 목표로 삼은 것이 있었다. 근본적으로 내가 느껴온 욕구와도 맞먹는 선언이자 목표인 '홀로서기'. 이 선언의 뜻이 단순히 누구에게도, 어떤 것에도 기대지 않고 관계없이 자립한다는 뜻은 아니었다. 하지만 나는 독립적인 인간으로 나의 두 발로 온전히 서보겠다는 선언이었다. 그래서 나에게 2022년 연말은 이전과는 조금 다르다. 비슷하게 우리 가족에게도 조금은 다른 연말이다.

엄마는 내가 두 번째 식사를 대접하고 서울로 돌아갔을 때 할머니를 챙기시느라 바쁘셨다. 할먼네 외부 창고의 낡은 지붕이 바람에 날아가 수리 해야 한다고 하셨다. 그리고 크리스마스이브에 있던 이모들과의 경주 여행이 갑작스럽게 취소되면서 할머니와 크리스마스를 보내셨다.

누나는 매형과 서로 24일까지 만나지 못하고 있다 크리스마스 날이 돼서야 같이 시간을 보낼 수 있었다고 한다. 누나의 인스타그램 스토리를 쭉 보니 브런치 가게에서 누나 가족만의 오붓한 시간을 보낸 기록이 남아있었다.

아빠는 일 때문에 해외로 출국하신 지 벌써 3주가 지났다. 아빠의 크리스마스는 영화와 낮잠으로 이루어졌다고 가족 카톡방에 메시지를 남기셨다. 나는 아빠도 연말 식사 때 같이 있었으면 좋았겠다 생각하며 아쉬운 마음이 들었지만, 아빠는 익숙하신 듯 덤덤하게 해외에서 가족과 떨어져 연말을 보내고 계신다.

마지막으로 나는 크리스마스를 서울에서 보냈다. 남은 며칠도 엄마 집에 내려가지 않을 예정이다. 엄마, 아빠는 각자의 집에서, 누나는 새로 생긴 가족들과, 나는 서울에서. 각각 떨어진 크리스마스를 보냈다.

하지만 영국에 있었을 때와같이 외롭고 시리다는 느낌은 들지 않는다. 올해는 가족과 한데 모여 연말을 보내지 않더라도 충분히 따뜻한 연말을 보내고 있다. 12월. 두 번째 식사 대접을 통해 이미 나의 연말은 따뜻하게 예열되어 있었기 때문이다. 가족을 위해 요리를 하고 다 같이 식사하며 시간을 보낸 것뿐인데 그 여운이 연말 끝까지 나를 지탱해 주고 있다.

가족뿐만 아니라 주변의 많은 친구와 사람들이 나를 지탱해 주고 있다. 함께하는 삶이라는 게 이렇게 좋은 것임을 다시 한번 깨닫는다. 그리고 나도 다른 사람에게 고맙다고, 사랑한다고 표현하고 오랫동안 그들의 삶을 지탱해 주는 작은 기둥이 되기를 희망한다. 어쩌면 이번 대접은 그런 대접이 아니었을까 싶다. 서로가 서로를 위하는 대접.

홀로서기를 하고 싶지만 혼자 서있고 싶지는 않다고 느낀다. 같이 서 있다는 것이 얼마나 행복하고 힘이 되는 일인지 알기에. 비록 우리 가족은 오늘도 각자 다른 장소에 홀로 있지만 혼자 서있지 않다.

2022년, 끝.

셋 대접

설날에는 복을 싸먹으면 좋겠다.

오늘은 안성 엄마 집에서 하루를 시작했다. 어제 충동적으로 가족이 보고 싶어져 갑작스럽게 버스표를 끊고 안성에 내려왔다. 새해가 시작된 지 며칠 되지 않아 프리랜서로 하는 편집 디자인 일이 많지 않았다. 그래서 오늘은 엄마와 시간을 보내기로 했다. 엄마와 나는 차를 타고 집에서 멀지 않은 곳에 있는 저수지 카페로 향했다.

카페에 도착해 저수지가 잘 보이는 테이블에 자리를 잡고 각자 시킨 드립 커피와 레몬차를 마시며 연말 동안 하지 못했던 이야기를 풀었다. 수많은 이야기 중에는 엄마께 해드리는 세 번째 대접에 관한 것도 있었다.

몇 주 뒤 다가올 2023년 설 연휴는 대체공휴일까지 있어 유독 빨간 날이 많다. 엄마는 설날 전날과 당일에는 할먼네에서 차례를 준비해야 한다고 하셨다. 그래서 나는 설날 다음날 다 같이 새해를 기념하고 명절 노동에 대한 보상으로 식사 대접을 하면 좋을 것 같다고 말했다. 설날 하루는 마트도 열지 않을 테니 설날 다음날에 대접하는 게 좋겠다고 말이다. 1월 23일 월요일 저녁에 식사 대접을 하는 것으로 엄마와 느슨한 약속을 했다.

컵에 담긴 커피와 레몬차가 동이 날 때쯤에는 이런 이야기를 나누었다. 요즘의 나는 어떻게 살고 싶은지 고민하고, 하고 싶었던 일을 하나씩 해보고 있다고. 그래서 엄마께 식사도 대접하는 거고 이를 기록하고 있다고 말이다. 엄마는 아직 젊으니 하고 싶은 걸 해보고, 살아보고 싶은 데로 살아보라고 하셨다. 아들은 엄마께 서른하고도 몇 년이 넘어서야 겨우 식사 대접을 해드리는데 엄마는 매번 아들을 만날때 마다 용기 한 그릇을 만들어주신다. 대접이라는 게 꼭 요리나 음식이 아니어도 될 수 있다는 걸 느낀다. 엄마의 위로와 용기, 응원 한 그릇은 내가 만드는 요리보다 값진 것이라는 걸 안다. 그래서 엄마 밥은 매번 든든하고 힘이나는 그런 한 그릇이다.

　서울 집으로 돌아왔다. 1월은 세 번째 대접이 있는 달이고 이번 대접의 주제는 '설날'로 정했다.

　'엄마께 식사 대접' 프로젝트 초안을 잡으며 1월 대접에 해드리고 싶었던 요리가 있었다. 만들어 보고 싶고 엄마께도 소개하고 싶은 '라비올리'라는 요리다. 라비올리는 만두와 비슷한 파스타의 한 종류인데, 다만 그 속을 고기와 야채 외에도 치즈나 허브를 넣어 만두와는 또 다른 맛을 만들어 낸다.

　설날에 맞춰 라비올리를 해보고 싶은 이유는 설날에 먹는 만둣국을 재해석할 수 있기 때문이다. 평소 먹던 만두와 완전히 다른 만두를 엄마께 대접 해드리면 좋아하실 거라는 아들의 '촉'이었다. 하얗고 크리미한 소스에 장조림과 계란 고명을 올린 만두를 닮은 파스타를 상상하니 요리를 대저하는 입장에서도 흥미롭다.

　조금 더 진지하게 라비올리 파스타에 의미를 부여하자면, 설날에 만둣국을 먹는 이유와 같다. 만두는 '복을 싸 먹는' 의미가 있어서 설날에 먹는 것이고 라비올리도 그런 의미에서 설날 대접에 적합하다고 생각했다. 요리에 복을 싸 먹는다는 의미가 있다니. 과거의 사람들도 꽤나 낭만적이었구나 느낀다.

　라비올리 파스타 외에 같이 요리할 설날 음식을 검색해 보았다. 차례 음식에 올라가는 나물이나 전도 있었고, 오랜 시간 정성이 들어가야 하는 갈비찜이나 불고기 같은 요리도 있었다. 명절에 꼭 먹는다는 잡채나 설날 선물로 많이 드리는 약과나 한과 같은 디저트 외에도 제철 과일, 시루떡, 꿀떡, 호떡, 견과류 강정, 돼지갈비, 소갈비, 떡갈비, 동그랑땡, 산적 등 설날 요리는 다양하고 많았다.

　같이 상에 올라갈 다른 메뉴는 라비올리 파스타에 잘 어울릴 만한 요리로 정하고 싶었다. 크리미한 라비올리를 만든다고 가정하면 달콤한 간장 베이스로 한 요리가 좋지 않을까 생각했다. 여러 요리 중에 눈에 확 들어오는 요리가 한 가지 있었으니, 바로 떡갈비였다.

새해가 밝은 후 아침에 일어나 해를 본 게 아홉 날이나 되었다. 그래도 아직은 2023년인 게 적응이 되지 않는다. 설날이 지나야 2023년이라고 적응되어 몸소 느낄 수 있을 것 같다. 이럴 때면 나는 음력으로 새해를 맞이해야 하는 토종 한국인이 아닐까 싶다.

오늘은 저녁 식사를 마치고 엄마와 통화했다.

"엄마. 내가 설날 식사 메뉴를 정했는데, 일단 만두 같은 파스타랑 떡갈비 하려고 하는데 어때?"

엄마는 대접마다 그러셨듯 흔쾌히 좋다고 하셨다. 그리고 마음속으로만 생각하고 있던 다른 메뉴를 공개했다.

"그리고 디저트로 약과 하려고"

"약과? 나는 약과 별로 안 좋아해"

엄마를 뵌 지 벌써 햇수로 33년이 되었는데 엄마가 약과를 좋아하지 않는, 아니 싫어하신다는 걸 처음 알았다. 그러고 보니 엄마가 약과를 드시는 모습은 본 기억이 없다. 엄마의 거절에 속으로 여쭤보길 잘했다 생각했다.

통화를 마치고 메뉴 리서치를 했다. 지금까지 결정된 요리는 라비올리와 떡갈비, 두 개뿐이었다. 내가 생각한 떡갈비는 떡이나 율란(찐 밤을 으깨어 만든 한과)을 다진 소고기로 싸서 구워 익힌다. 그렇게 생각하니 라비올리도, 떡갈비도 좋은 재료를 싸서 먹는 공통점이 보였다. 아무래도 세 번째 식사 대접의 주제는 '설날'이 아닌 '쌈'으로 해야겠다.

주제가 구체화 되니 나머지 메뉴도 쉽게 찾고 정할 수 있었다. 하나는 식전에 먹을 수 있는 익히지 않은 요리를 하고 싶어 결정한 게 얼마 전 티비에서 본 엔다이브 샐러드였다. 엔다이브는 꽃상추라고도 불리는 알배추처럼 생긴 야채인데, 쓴맛을 가지고 있어 엔다이브 위에 꿀을 뿌린 과일과 치즈를 올려 먹는 레시피였다. 만들기 간단하지만, 재료를 구하기 어렵다는 단점이 있다.

다른 하나는 엄마가 싫다고 하신 약과를 대신할 디저트였다. 쌈을 주제로 하고 있으니, 호떡이나 꿀떡 같은 것도 좋다고 생각했다. 하지만 평범하다고 느껴져 다른 전통 디저트는 무엇이 있을까 계속 인터넷 바다를 뒤적거렸다. 그러다 도전하고 싶은 메뉴가 눈에 들어왔다. 바로 곶감 말이와 수정과. 곶감 말이는 반건조 곶감이 호두를 품어 일종의 쌈이 만들어지고 수정과는 곶감 말이와 찰떡궁합이자 설날 하면 떠오르는 전통 음료이니 같이 먹으면 훌륭한 디저트 콤보가 될 것이다.

　라비올리 파스타, 떡갈비, 엔다이브 샐러드, 곶감 말이 그리고 수정과. 이렇게 나열해 보니 컨셉이 또렷하고 짜임새 있는 식사 대접 메뉴가 완성 되었다. 이 글을 다 쓰고 자기 전에 엄마께 한 번 더 전화해 봐야겠다. 혹시 싫어하시는 메뉴가 있으신지 또 한번 여쭈어봐야하니까.

2023년 1월 11일 수요일

　오늘은 집 근처 스타벅스에 갔다. <퇴사 사유서> 관련 일을 처리하고 프리랜서 디자이너 일을 하고 나니 마시던 커피가 동이 났다. 주문한 하프-디카페인 아이스 아메리카노는 얼음만 남긴 채 잔이 비어있었고 몸속에 흡수된 반밖에 없던 카페인도 다 떨어졌다. 종이 빨대는 눅눅해져 뭉개졌지만, 얼음이 녹아 컵 바닥에 만들어진 얼음물을 쪽쪽 빨아먹었다. 힘을 내야 했다. 아직 오늘 투-두 리스트에는 '요리 레시피(떡갈비부터) 찾기'가 남아있었기 때문이다. 다시 한번 얼음물을 쪽쪽 빨아먹고 인터넷 창을 켰다.

　인터넷이 만들어진 그 옛날 옛적부터 인터넷은 정보의 바다라고 하지 않았나. 정보의 바닷속에서 내가 하고 싶은 레시피를 정확히 찾는 건 쉬운 일이 아니다. 내가 해보고 싶었던 떡갈비는 TV 프로그램 <윤스테이>에 나온 '율란 떡갈비'였다. 떡갈비 속에 밤을 으깨 만든 율란을 고기로 쌈을 싸 먹는 요리이다. 떡갈비, 율란, 오븐 등 키워드로 그물을 만들어 몇 가지 레시피를 건져냈다. 그

중 제일 싱싱한 놈을 골라내야 한다. 레시피를 올리는 글쓴이마다 조금씩 자신만의 비법을 넣어 레시피를 작성하기 때문에 내 기준과 환경에 딱 맞는 레시피를 찾는 건 품이 든다. 그래서 많이 보고 듣고 읽은 다음 머릿속으로 전체적인 요리 과정을 그린 후 나에게 적합하게 정리된 레시피를 골라야 한다. 블로그 게시물 하나가 제일 싱싱해 보였다. 율란 떡갈비를 오븐에 구워 만드는 레시피였다. 레시피 링크를 메모장에 넣어 언제든지 열어볼 수 있게 기록했다. 그리고 혹시 모르니까 '정말 부드러운 떡갈비 만들기' 유튜브 영상도 하나 보관해 놓았다.

비슷한 방식으로 라비올리 레시피도 찾았다. 만두피로 만드는 라비올리 레시피 영상을 두 개 정도 찾았지만, 라비올리 소를 만들기가 조금 어려워 보였다. 정확히는 재료 구하기가 어려워 보였다(너무 특이한 재료여서 이름도 기억나지 않는다). 그래서 정보의 바다 오대양 중 대서양으로 가보기로 한다. 영어로 레시피를 알려주는 영상을 여러 개 시청했지만, 마음에 드는 레시피가 없었다. 대서양에서 설날을 위한 레시피를 잡긴 어려울 것 같았다.

국내외 여러 레시피를 보다 보니 레시피마다 라비올리 소로는 정해진 재료없이 본인이 넣고 싶은 재료를 넣는 것 같았다. 그렇다면 나도! 메모장을 열어 넣고 싶은 재료인 리코타 치즈, 파마산 치즈, 버섯, 마늘, 바질과 파슬리를 적어놓았다. 실험을 통해 라비올리 소를 정할 예정이다.

라비올리에 관해서는 정보의 바다에서 건져야 할 것이 많았다. 왜냐면 소스도 직접 만들어야 하기 때문이었다. 이번 라비올리는 만둣국과는 다르게 라비올리 파스타만 담긴 그릇에 소스를 부어 먹는 아이디어를 떠올렸다. 대신 소스는 만둣국을 떠올릴 수 있게 하얗고 뽀얀 소스였으면 좋겠다고 생각했다. 찾아본 레시피 중에 사골 육수와 크림을 섞은 국물에 양파나 버섯을 아주 곱게 다져 수프처럼 소스를 만드는 것을 찾았다. 곧바로 사골 육수와 크림을 사용하는 레시피를 메모장에 기록했다.

엔다이브 샐러드도 여러 블로그를 참고한 결과 베이컨, 제철 과일, 꿀, 호두를 사용하는 것이 가장 적합하다 결정했다. 가볍게 먹을 수 있는 재료의 조합이었다.

다른 메뉴와 다르게 곶감 말이와 수정과는 레시피가 대부분 비슷했다. 특히 수정과는 찾은 레시피마다 들어가는 재료, 방법이 똑같아 조금 놀랐다. 엔다이브 샐러드와 디저트 요리 모두 메모장에 참고할 수 있는 링크를 기록해 보관했다.

정보의 바다에서 대서양까지 갔다 다시 동해로 돌아오

니 배고픈 시간이 되었다. '내 배꼽시계는 절대 못 속이지.' 후다닥 스타벅스에서 짐을 챙겨 나왔다. 오늘 하늘은 조금 뿌옇다. 중국에서 온 황사와 미세먼지 때문에 달이 흐리멍덩해 보였다. 흐리게 보이는 반달이 사골 크림 소스에 담긴 라비올리 같았다. 뭉근하게 익혀 뜨끈한 라비올리. 묘하게 아름다웠다.

2023년 1월 14일 토요일

내가 사는 502호 원룸에는 오븐이 없다. 화덕 오븐, 큰 가스 오븐은 물론이고 광파 오븐, 심지어 미니 오븐도 없다. 그래서 율란 떡갈비가 문제였다. 오븐이 없어 연습조차 해 볼 수 없기 때문이었다. 다행히 서로 집까지 드나들 수 있는 친구 중 광파 오븐이 있는 친구가 한 명 있었다. 며칠 전부터 나는 그 친구를 꼬드기기 시작했다.

"주말에 너희 집에 놀러 가면 안 되냐? 내가 떡갈비 해줄게. 그냥 떡갈비 아니고 율란 떡갈비야. 그 윤여정 선생님 나오는 프로그램에 나왔던 거. 너희 집 오븐으로 맛있게 만들어 줄 테니까 날 한번 초대해라."

평소 친구들에게 요리를 해주는 사람이 아닌 내가 구구절절 말하는 의도가 뻔히 보였겠지만 다행히 친구는 너그러히 나를 초대해줬고 오후 친구를 만나 장을 보러 갔다.

"갈아놓은 소고기가 필요한데 한우는 너무 비싸니까 호주산으로 사자."

그래도 소고기 500그램은 2만 원이 훌쩍 넘었다. 이미 장바구니에는 깐 밤 한 통, 깐마늘 한 뭉치, 간 양파 3개, 파채 한 팩, 사과 한 봉지가 담겨 있었다.

"떡갈비만 먹으면 좀 그러니까 햇반이랑 레토르트 된 장국도 하나 사자. 그리고 마실 거는 식혜 어때?"

돌아온 친구 집 주방에서 요리를 시작했다. 생각하지 못한 문제가 있었는데, 친구네 집에는 자동 블렌더가 없었다. 대신 수동 블렌더가 있었다. 재료를 넣고 손잡이를 잡고 당기면 감겨있던 줄이 당겨지면서 블렌더 안에 있는 칼이 쉬익- 쉬익-하고 돌아간다.

"그거 세게 많이 해야 해. 팍팍! 좍좍 당겨봐 마."

친구가 조언해 주었다. 나는 블렌더에 사과 반쪽, 양파 반개, 대파, 마늘, 물 반 컵을 넣고 팍팍 좍좍 손잡이를 당겼다. 적어도 마흔 번은 당겼더니 재료가 잘 갈려졌다. 간 재료는 떡갈비를 만들 때 소고기와 함께 섞을 소스를 위한 재료이다. 바쁘게 수동 블렌더로 재료를 가는 동안 옆 가스레인지에 밤을 보글보글 끓는 냄비에 삶았다.

갈린 재료에 간장과 설탕, 후추를 넣고 달큰 짭짤하게 간을 맞춘다. 그리고 소스를 간 소고기와 섞어 반죽처럼 만들었다. 떡갈비를 요리하는 건 처음인지라 반죽의 농도가 어느 정도 되어야 하는지 몰라 소스를 계속 넣다 보니 반죽이 묽어졌다.

고기와 소스를 섞었을 즈음 밤이 다 삶아졌다. 본격적으로 율란을 만들었다. 율란은 삶은 밤을 체에 걸러 곱게 가루로 만들어 주어야 하기때문에 손이 많이 간다. 그리고 곱게 거른 밤 가루에 꿀을 뿌리고 손으로 조물조물 뭉쳐주어 야무진 반죽으로 만들어 준다. 밤으로 만든 반죽을 적당히 떼어 두 손바닥으로 굴려 동글동글하게 모양을 잡아주면 율란은 완성된다. 친구한테는 비밀이지만 율란은 이대로 먹어도 맛있다는 것을 남은 율란 반죽을 혼자 맛보면서 알게 되었다.

주방 한편 친구네 오븐이 예열될 동안 양념 된 소고기 반죽을 만두피처럼 만들어 가운데 율란을 넣고 쌈을 싸듯 감싸주었다. 나는 크게 만들고 싶어 소고기 반죽을 두껍게 펴 쌈을 쌌는데 나중에 레시피를 확인해 보니 소고기 반죽을 얇게 하는 게 중요했다. 뒤늦게 이 사실을 깨닫고 4개는 두껍게 다른 4개는 얇게 떡갈비를 만들었다.

180도로 예열한 오븐에서 20분, 뒤집고 10분 더 익혀 두꺼운 떡갈비 4개를 구웠다. 처음 뒤집으려고 보니 오븐 트레이에 고기 육즙이 한가득 고여있었다. 이래서 소고기 반죽을 얇게 펴 쌈을 싸야 하는구나! 아니면 내가 만든 소스가 너무 묽었나? 어쩔 수 없이 그냥 뒤집어 10분을 더 구워주었다. 10분 후, 고기가 익었는지 궁금한 마음에 반을 잘라보니 고기는 잘 익어있었다. 비록 윤기가 없어 퍽

퍽해 보이는 불상사가 일어났지만.

일단 떡갈비 한 판이 나왔으니 식사 준비를 했다. 친구네 식탁 위에 밥과 국을 놓고 떡갈비를 내놓았다. 식탁에 앉아 떡갈비를 집어 한 입씩 베어 물었다.

"맛있다!"

친구가 말했다. 알고 보니 친구는 떡갈비를 제대로 먹어본 적이 없어 맛있는 떡갈비의 맛은 알지 못했으나, 요리 자체가 맛있어서 한 말이었다. 달큰 짭짤한 갈비 양념이 밴 고기와 가운데 달곰한 율란은 맛의 궁합이 잘 맞았다. 고기를 베어 물면 나오는 부드러운 율란은 유쾌한 경험이었다.

맛을 보고 두 번째 판을 오븐에 넣으러 갔다. 이번에는 고기를 얇게 해서 만든 떡갈비 네 조각이었다. 크기는 작았지만 180도에서 20분, 뒤집고 10분 똑같이 구워보기로 했다. 이번에는 육즙이 많이 나오지 않고 노릇노릇 이쁘게 구워졌다. 더 먹음직스러웠다. 맛도 더 좋았다. 육즙이 많이 빠져나오지 않아 소고기 풍미가 살아있고 촉촉한 텍스쳐가 구현되었다.

식사를 마치고 친구가 설거지를 해주는 동안 핸드폰 속 율란 떡갈비 사진을 둘러보았다. 처음으로 만든 떡갈비치곤 맛있게 요리되어 흐뭇했다. 사진을 보며 나중에 친구나 지인에게 식사 대접 할 때 떡갈비를 내어주면 좋을 것 같다고 생각했다.

'엄마께 식사 대접' 프로젝트를 시작하고 감사한 마음을 전할 때 선물이나 식당에서 한 끼 대접하는 것보다 직접 만든 식사를 선물하는 게 더 정성스럽다고 느껴진다. 시간과 힘을 다해 만든 식사 대접은 진심을 전하는 데 있어 그 모습이 투명하고 아름답다. 이는 진심을 전달하는 사람의 마음도 기쁘게 만든다. 오늘은 율란 떡갈비라는 고맙고 소중한 사람들에게 해줄 수 있는 특별한 요리를 찾아 또 기쁘다.

설날 일주일 전, 미용실에 갔다. 매달 머리를 자르는 동네 미용실의 원장님은 "재민 씨~. 그래, 35일이나 됐네. 머리가 많이 길어졌어~"라고 말씀하시며 머리를 잘라주셨다. 삐죽삐죽 삐져나오던 옆 머리는 깔끔하게 정돈되었고 이마를 반쯤 가리던 어중간한 기장의 앞머리도 짧게 쳐주셨다. 마치 군인처럼 깔끔하게 정리된 내 머리가 좋았다.

머리를 자르는 것은 내가 매달 엄마께 식사를 대접하기 일주일 전에 하는 의식이다. 엄마께 맛있는 것을 대접하는 것도 중요하지만 엄마 아들이 자신을 잘 돌보며 살아가고 있음을 보여드리는 것도 대접만큼 중요하기 때문이다.

오늘은 머리가 다른 날보다 더 짧게 되었다. 다음 미용실 방문까지 38일은 기다려도 될 것 같다.

머리를 깎고 마트를 거쳐 집에 돌아왔다. 잠시 들린 마트에서 사 온 재료들을 꺼냈다. 오늘은 라비올리와 수정과를 연습해 보려고 한다. 장바구니에서 만두피, 표고버섯, 베이컨, 생크림, 사골곰탕 국물을 꺼내고 냉장고에 있던 리코타 치즈, 파마산 치즈, 양파, 버터를 꺼냈다. 찬장에서는 파슬리 가루, 후추, 소금을 꺼내어 요리에 쓰이는 모든 재료를 작은 주방 조리대에 올려놓았다.

먼저 사골 크림소스를 만들었다. 양파를 아주 아주 아주 아주 잘게 다졌다. 매워서 눈에서 눈물이 찔끔 나왔다. 하지만 양파는 눈물로 나를 막을 수 없었다. 복수의 의미로 더 곱게 다져버렸다.

다진 양파를 버터와 함께 냄비에 넣고 볶아주었다. 소스는 흰 크림색이 되기를 바랐으므로 양파가 타지 않게 약한 불에 볶았다. 그리고 사골 국물과 생크림을 넣어 함께 끓여주었다. 소금으로 간을 맞추기 위해 맛을 살짝 보았다. 레토르트 사골의 감칠맛은 대단했다. 레토르트 국물에는 간까지 맞춰져 있어 따로 소금간을 할 필요가 없었다.

은은한 불로 소스를 끓이는 사이, 만두피로 라비올리를 만들었다. 만두피 안에 들어갈 라비올리 소는 표고버섯, 베이컨, 파슬리 가루, 리코타치즈, 파마산치즈로 만들었다. 표고버섯과 베이컨을 잘게 다지고 나머지 재료를 넣고 손으로 뭉쳐주듯 섞어준다. 그리고 도마에 밀가루를 조금 뿌리고 만두피를 올린 후, 동그란 만두피 정중앙에 소 한 숟가락 올리고 그 위에 만두피 한 장을 덧대어 덮어준다. 가장자리를 검지 손가락에 물을 살짝 묻혀 잘 접착시켜 준다. 그리고 파스타 모양이 나올 수 있게 포크 가지로 가장자리를 꾹꾹 눌러준다.

이제 끓는 물에 라비올리를 넣었다. 라비올리를 냄비에 넣는 순간 몇 분 동안 익혀야 하나 혼자 고민하다 깨달은 것이 있었다. 표고버섯과 베이컨을 익히기 위해서는 5분 이상 끓는 물에 익혀야 하는데, 리코타 치즈와 파마산 치즈도 함께 넣었기 때문에 라비올리를 오랜 시간 끓는 물에 익힐 수가 없었다. 왜냐하면 치즈가 다 녹아 액체가 되기 때문이다. 대접할 때는 꼭 표고버섯과 베이컨을 한번 볶은 다음에 소를 만들어야겠다. 그래야 모든 재료가 적절하게 익을 테니 말이다.

결국 녹아버린 치즈 때문에 라비올리 형태가 흐물흐물해져 3분 동안 짧게 익히고 라비올리를 건져냈다. 라비올리만 담긴 그릇에, 사골 크림소스를 부어주었다.

완성된 요리를 보고 만족스러운 표정을 하며 숟가락으로 라비올리를 잘라 한 입 크게 먹었다. 사골 크림소스와 라비올리 소에 들어있는 리코타 치즈가 입안에서 섞이며 만두와는 완전히 다른, 크리미하고 고소한 맛이 느껴졌다. 물론 표고버섯과 베이컨은 조금 더 익혔어야 했지만.

라비올리를 먹으며 어떻게 하면 엄마가 더 좋아하실지

고민했다. 엄마는 너무 느끼한 걸 싫어한다고 하셨으니, 치즈의 비율을 줄이고 대신 으깬 두부를 넣는 게 어떨까? 사골 크림소스는 텍스쳐를 더하기 위해 다진 양파양을 늘려야겠다. 미래에 욱신거릴 오른팔과 따가울 내 안구야, 부디 힘을 내어다오.

해본 적 없는 요리를 하는 것은 언제나 즐겁다. 하지만 엄마께 대접하기 위해서 연습하는 과정이니 즐거우면서도, 한편으로는 고민도 하게 된다. 그러니 대접이라는 건 이렇게 연습하고 고민하고 공을 들여 비로소 완성되는 것이다. 엄마께는 융숭히 대접하고 싶은 마음이 있기에 오늘은 머리도 자르고 요리 연습도 했다.

라비올리를 먹고 설거지가 끝나기 무섭게 다시 냄비에 물을 올렸다. 이제 수정과를 만들어봐야 한다. 오늘 마트에서 식재료를 살 때 말린 대추와 흑설탕도 함께 구매했다. 계피와 생강은 예전에 사두었던 게 찬장에 남아있어 오늘 함께 사용하기로 했다.

냄비에 물을 올리며 내가 집에서 수정과를 만들 수 있을지에 대한 의구심이 들었다. 집에서 수정과를 직접 해 먹다니! 나는 그 누구도 집에서 수정과를 해 먹는 걸 본 적이 없었다. 마트에 가면 제품으로 만들어져 파는 걸 굳이 직접 해 먹는 것이니까.

불위에 올려둔 냄비의 물이 끓었다. 먼저 생강가루를 두어 스푼 넣었다. 가루 생강이니 10분 정도 빠르게 우렸다. 우린 생강 물을 면포가 올라간 체에 걸러준다. 우린 생강 물의 냄새가 긴가민가해서 살짝 맛을 보았다. 나는 생강차 같은 맛이 나올 줄 알았지만, 정말 맛없는 생강 냄새 나는 물이었다.

냄비에 새롭게 물을 담아 끓였다. 계핏가루와 말린 대추를 넣고 또 10분을 끓였다. 향이 더 깊게 우러졌으면

해서 말린 대추도 칼로 으깨고 계핏가루도 넉넉히 넣었다. 이건 냄새부터 이상했다. 수정과와는 거리가 먼 쿰쿰한 냄새가 풍겼다. 맛이 궁금해 티스푼으로 조금 떠 먹어 보았다. 맛도 냄새랑 똑같이 쿰쿰했다.

또 실패한 것인가? 이게 정말 수정과가 될 수 있을까? 반신반의한 마음이었다. 포기하지 않고 생강 물에 계피 대춧물도 면포에 걸러 섞어주었다. 둘을 섞어도 전혀 수정과 같은 향이나 맛이 나지 않았다. 정말 망했구나. 수정과도 아무나 만드는 게 아니지. 인터넷에서 찾은 레시피들과 다를 게 없이 했는데 뭐가 잘못되었을까?

어찌 되었든 끝까지 해보기로 했다. 마지막 단계는 흑설탕으로 당도를 맞추는 것이었다. 레시피처럼 흑설탕을 넵다 부어버렸다. 숟가락으로 설탕이 빨리 녹을 수 있게 알파벳 W 모양을 그려가며 저어즈었다. 완성된 수정과라고 만든 이 괴상한 냄새의 갈색 액체를 숟가락으로 조금 떠먹었다. 어라? 굉장히 그럴싸하게 수정과 향과 맛이 났다. 하지만 아직은 단맛이 부족했다. 흑설탕을 과하다 싶을 정도로 더 부었다. 다시 맛을 브았다. 신기하게도 생강 계피 대춧물은 이제 어엿한 수정과가 되었다.

역시 설탕은 진리인가! 백종원 선생님이 그렇게 설탕을 넣을 때마다 나는 혈당 올라간다며 고개를 흔들었는데, 수정과를 만드는 데 있어 설탕은 확실히 맛을 변화시

키는 마법의 재료였다. 달큰하고 은은한 생강, 계피 향이 올라오는 수정과는 기분을 좋게 하는 디저트로 딱 맞았다. 나는 수정과를 차갑게 식히지 않고 따듯한 채로 모두 다 마셔버렸다. 정녕 식을 때까지 기다릴 수 없는 맛이었다. 오늘 나는 집에서도 수정과를 만들어 먹는, 그런 사람이 되었다.

2023년 1월 19일 목요일

오늘은 마켓 컬리에서 엔다이브와 몇 가지 식재료를 주문하기로 계획한 날이다. 어젯밤 마켓 컬리 장바구니에 미리 식재료를 담아 놓았다. 아침에 일어나 주문 버튼만 누르면 엄마 집으로 배송되는 간단한 일이었다. 하지만 나는 차마 주문 버튼을 누를 수 없었다. 며칠 뒤가 설날인 것을 간과했기 때문이다.

설날은 천문학적인 택배 수량이 전국적으로 왔다 갔다 하는 기간이고 마켓 컬리 또한 '설날 특수'가 적용되겠다. 오늘 아침 마켓 컬리에는 설 연휴 동안 주문을 받지 않는다는 공지가 올라왔다. 곧바로 누나에게 메시지를 보냈다.

- 누나. 큰일 났어. 오늘 마켓 컬리 들어가니까 갑자기 배송 휴무라고 뜨네. 주문도 안 받는데. 엄마 대접할 때 살 재료들 시키려고 했는데 어쩌지.
- 어제 시켰어야 했던 거야?
- 그런 것 같음. 어제는 공지 없었는데 오늘 들어가니까 갑자기 안되네.

- 못사는 거지 뭐. 설날이라 물량 많아서 안 하나 보네. 급한 거 있어?

- 엔다이브 사려고 했는데, 쿠팡에도 없고….

- 안성 롯데 마트에서 사야지.

- 참…. 설날은 이래서 문제군.

- 못 구하면 그냥 엔다이브 없이 해.

엔다이브 쌈의 메인 식재료인 엔다이브를 사지 못하는 위기에 처해버렸다. 서울에 있는 마트에서도 찾기 힘든 엔다이브를 설날 연휴에 어디에서 구할 수 있을까? 유일한 희망은 안성 롯데 마트지만 예상하건대 엔다이브가 있을 가능성은 덴마크산 망고스틴을 찾는 것만큼 희박했다. 엄마께 엔다이브를 맛보게 해드리고 싶었기 때문에 별다른 도리가 없는 현실이 아쉬웠다. 처음으로 설날에 엄마께 요리를 해보는 나의 미숙함이자 꼼꼼하지 못했던 나의 실수였다.

설날은 대한민국 최고의 명절답게 마켓 컬리 주문도 막히고, 차도 막히고, 택배도 막히고, 기차 예매도 막히는 특수한 날이다. 그래도 사람들은 가족을 만나러 먼 길을 떠나고, 오랜만에 보는 식구들을 위해 맛있는 요리를 한다. 이런 설날에 나도 좋은 요리를 대접하고 싶은 마음에 아쉬움이 생기는 것 아닐까?

어쩔 수 없는 아쉬움은 그대로 남긴 채 그저 나의 귀
경길에는 만석 버스나 막히는 그속도로는 없었으면 좋
겠다고 잠시 기도했다. 하지만 어찌 피해 갈 수 있으랴.
설날인데.

"할머니 댁으로 서둘러서 가야 해."

아침 9시 아직 비몽사몽 커피를 마시고 있는 나에게 엄마가 말씀하셨다.

"아직 시장 안 열지 않았어? 열 시는 돼야 열릴 텐데."

"하기야 그렇긴 하겠네. 그럼 열 시쯤 나가자."

"하~암."

나는 크게 하품을 했다.

설날 D-1이다. 오늘은 설날 차례 준비로 일이 제일 많은 날이다. 차례상에는 떡, 동그랑땡, 녹두전, 두부 부침, 삼색나물 무침, 탕국, 물김치, 꼬치전, 식혜, 적, 생선구이가 올라가야 하고, 이것 외에도 사과, 배, 곶감 등 상에 올라가는 음식은 색깔도 종류도 다양하다. 그나마 몇 년 전부터 차례 음식을 줄이면서 작업량이 많이 줄었다. 다 엄마 덕분이다.

오전 10시 반. 할먼네에 도착하자마자 엄마와 나는 일사불란하게 움직인다. 아쉽게도 누나는 아기 조카를 돌봐야 하기때문에 할먼네에 오지 못했다. 갓 부친 동그랑땡을 훔쳐먹는 것이 그가 가장 좋아하는 일이지만 지금은 아기 조카가 더 중요할 테니까. 나는 장바구니 넘치게 들고 온 차례 재료들을 주방으로 가져가 정리하고 엄마는 배추와 무를 절여야 하는 물긷치 작업으로 바로 뛰어든다. 우리가 도착했을 때 할머니께서는 이미 전 부칠 준비를 다 끝마친 상태였다.

나의 첫 미션은 할머니께서 녹두전 부치시는 일을 보조하는 것이다. 할머니께서는 충청도 식으로 쪽파와 다시마를 길게 잘라 녹두 반죽에 올린다. 이건 딱 다섯 장만 부친다. 맛이 밍밍하기 그지없어 아무도 먹지 않기 때문이다. 진짜 부침개는 김치 녹두전이다. 시큼하게 잘 익은 김장 김치를 노란 녹두 반죽에 올리고 앞뒤로 잘 익혀 부친다. 이걸 할머니는 '녹두 누리미'라고 하신다. 그리고 매년 이 말을 덧붙이신다.

"이런 것도 안 하면 먹을 게 없잖혀."

할머니의 녹두전에 이은 두부 부침이 끝나고 프라이팬을 내가 이어받았다. 나는 동그랑땡과 명태전을 담당한다. 엄마가 만들어 준 동그랑댕 반죽에 계란 물을 흥건하게 섞어 한 숟가락씩 떠 부친다. 이렇게 하는 건 우리 엄마의 야매식 동그랑땡인데 조리가 간편하고 맛도 동그랑땡과 똑같다. 할머니는 엄마의 동그랑땡을 보고 모양이 예쁘지 않다고 하셨다. 아무렴 어떤가. 맛만 좋으면 되지. 한 시간 넘게 앉아 동그랑땡을 부치고 명태전을 또 한 시간 부쳤다. 그 사이 엄마는 할 일을 끝내시고 전 부치는 아들에게 와 같이 부쳐주신다.

설날 연휴 중 가장 신나는 시간은 차례 음식을 얼추 준비해 놓고 놀러 나가는 일이다. 설 전날 놀러 나가는 모습을 할머니는 매우 못마땅해하시지만, 어김없이 엄마와 나는 할먼네 근처 저수지 가장자리에 있는 카페로 향했다. 몸에서는 느끼한 기름 냄새가 났지만, 따뜻한 커피와 쿠키를 먹으면서 이야기를 나누는 것은 달콤했다.

오늘은 날씨가 아주 좋다. 꽁꽁 얼어붙어 있었던 저수지는 대부분이 녹아있었고 해가 밝게 빛나는 맑은 날이어서 호수에 반사되는 윤슬이 아름다웠다. 엄마와 내가 앉은 창가 자리에선 윤슬이 아주 잘 보였다. 엄마는 기울어진 햇빛을 등지고 나를 바라보며 커피를 마셨다. 우리는 이런저런 이야기를 나누며 몸에 밴 기름 냄새를 뺐다. 이런 일련의 '놀러 나가는 일'은 탈취제 같은 역할을 한다. 명절 노동으로 지친 몸에 시원한 바람이 불게 하는 그런.

엄마와 나는 해가 지기 전 카페를 나왔다. 너무 늦어지면 할머니께서 걱정하시기 때문이다. 할먼네로 돌아와 저녁을 먹고 다시 차례 준비를 했다. 삼색나물 무침과 탕국 끓이기가 남아있었기 때문이었다. 손 빠르게 차례 준비를 마무리하고 일찍 잠자리에 들어야 한다. 내일 아침 일찍 일어나 할아버지께 차례 대접을 해 드려야 하니까.

설날 당일이 지난 오늘은 엄마께 세 번째 식사를 대접하는 날이다. 엔다이브를 포함한 몇 가지 재료를 마켓 컬리에서 주문하지 못했기 때문에 이 재료들을 마트에서 구할 수 있을지 걱정이 남아있었다. 결국 이른 아침부터 엄마와 함께 마트로 장을 보러 갔다. 재료 체크리스트를 체크해 가며 마트 안을 이리저리 돌아다녔다.

"생크림, 호두, 리코타치즈, 만두피, 베이컨, 깐 밤, 다진 소고기, 두부, 생강. 사골 국물은 집에 있고 다른 과일들도 집에 있으니까 이제 끝!"

걱정이 효과가 있었던 걸까 아니면 걱정과 다르게 일이 잘 풀린 걸까? 다행스럽게도 엔다이브 말고 모든 재료를 구할 수 있었다. 장을 다 보고 마트에서 할먼네로 향했다. 엔다이브를 대신할 배추를 얻어와야 했기 때문이었다.

오후 3시 반쯤 바로 요리를 시작했다. 가장 먼저 어떤 순서로 요리할지 정했다. 김장과 연말 식사 대접을 거치면서 나름 순서를 정하는 감이 생겼다. 수정과 - 떡갈비 양념 - 율란 - 라비올리 소 - 라비올리 소스 - 떡갈비 굽기 - 라비올리 - 과일 배추쌈 순으로 요리하기를 머릿속으로 그렸다. 그리고 곧바로 실행에 옮겼다.

계피와 대추를 넣어 물을 끓이면서 동시에 떡갈비 양념을 만들었다. 사과, 배, 마늘, 과, 양파를 블렌더에 넣어 갈고 간장과 설탕을 첨가하여 갈비양념을 만들었다. 계피 대춧물을 한쪽 면포에 걸러 담고 다시 생강 물을 끓이고 또 옆에서는 깐 밤을 삶았다. 모든 요리를 동시다발적으로 착착 해 나갔다. 시간 가는 줄 모르고 요리하는데, 띵! 오븐에서 알림이 울렸다. 오븐에 굽던 떡갈비가 다 되었나 보다. 과일 배추쌈과 라키올리는 이미 식탁에 올라갔고 모든 요리가 준비되었다.

"엄마! 준비 다 됐어!" 오늘 식사 대접에는 누나, 매형, 아기 조카가 함께했다. '엄마께 식사 대접'이지만 항상 가족과 함께한다. 이 사실이 나는 정말 좋다. 물론 엄마께만 특별히 대접하는 것도 의미있겠지만 내가 만든 음식을 더 많은 사람과 나누는 건 기쁜 일이다. 식탁에 두런두런 앉아 식사를 시작했다.

누나는 내 요리의 응원 단장이다. 가장 먼저 맛있다고 말해준다. 율란 떡갈비는 얼마나 보기드문 음식이며 만두피 라비올리는 느끼하지 않고 맛있다고 해 주고 과일 배추쌈에는 체리가 들어가 자기 입맛에 딱 맞는다고 말해준다.

누나와 다르게 매형은 수줍어하신다. 그래도 매형은 내가 만든 음식을 남기지 않고 다 먹어주신다. 마지막엔 꼭 "잘 먹었어"라고 조용히 말해주신다. 이전에도 매형에게 요리를 몇 번 해드렸지만, 우리는 아직 친해지는 중이다.

아기 조카는 아쉽게도 내 음식을 마음껏 먹을 수 없다. 아기가 먹는 음식은 성인이 먹는 음식과 다르기 때문인데, 이번 대접에서 누나는 아기 조카도 먹어보라며 라비올리를 조금 떼어 주었다. 아기 조카는 한 입 먹어보더니 취향이 아닌 듯 뱉어버렸다. 찡그리며 뱉는 모습도 삼촌 눈에는 우습고 귀엽게 보였기 때문에 봐줬다.

엄마는 아직까지도 식사 대접 받는 게 어색하신 것 같다. 항상 엄마를 위한 요리라고 말씀드리지만, 엄마는 꼭 마지막으로 숟가락을 드신다. 이번 식사 대접에서 엄마는 떡갈비 안에 있는 율란이 맛있으시다며 율란 떡갈비를 특별히 좋아하셨다. 그런데 엄마는 맛있다는 말 대신 고맙다고 말씀하신다. 아들의 마음을 알 수 있는 게 엄마의 능력인지 몰라도 시간을 들여 엄마께 고마움을 표시하고 싶다는 걸 아시는 것 같다.

말로는 엄마를 위해 식사 대접을 드린다고 하지만 나

를 포함한 온 가족이 다 같이 먹고 즐기는 것으로 끝이
났다. 나에게 가족이라는 건 내가 힘들어도 가족이 행복
하면 만족하는 관계일 것이다. 혼자 요리해도 다 같이 먹
으면 즐거운 것처럼. 마치 엄마는 엄마를 위한 대접에도
모든 가족이 먹을 때 비로소 드시는 것처럼.

설 연휴 마지막 날, 나는 서울 집으로 돌아가는 버스 안 뒤쪽 창가 좌석에 앉아있다. 밖은 어둡고 버스 안 조명도 모두 꺼져있다. 평소보다 더 많은 사람이 타고 있는 서울행 버스는 그럼에도 조용하다. 나는 핸드폰 사진 앱을 켜 설 연휴 동안 찍은 사진을 넘겨본다. 할머니가 전을 부치시는 사진, 아기 조카가 세배하는 사진, 직접 빚은 찐만두 사진, 할먼네 오래된 앨범에서 꺼내본 돌아가신 할아버지의 20대 시절 사진까지. 마지막은 어제저녁 내가 만든 요리 사진이었다.

나는 노력이란 말을 좋아하지 않는다. 나에게 노력은 매번 질문을 던진다. 어디까지가 최선의 노력이고 인정받을 수 있는 노력인지. 나는 우스갯소리로 죽을 만큼 노력한 증거는 죽음뿐이라고 말하고는 한다. 죽지 않으면 그만큼 노력하지 않은 거니까. 이런 생각은 내가 건축을 공부하는 내내 따라다녔다. 높은 학점을 받기 위해 노력했지만, 쉽사리 높아지지 않았다. 하지만 어떻게 졸업은 한 걸 보니 나는 죽지 않고 살아있으므로 내가 더 노력할 수 있었다는 점만 아쉽게 남게 되었다.

　작년 3월까지 다니던 건축사 사무소에서는 강제로 죽을 만큼 노력해야 하는 일이 많았다. 퇴근 시간은 새벽을 넘어 아침 식사를 하고 퇴근하는 일도 있었고, 그리고 다시 저녁 6시에 출근한 일도 있었다. 이때 죽을 만큼의 노력을 했으면 죽을 수도 있었겠지만, 절대로 절대로 회사에서 죽을수는 없으므로 그 바로 직전까지만 노력했다.
　그러나 내가 속해 있던 팀은 눈에 띄는 성과를 내지 못했다. 부서 실적도 좋지 않았다. 몸이 제대로 기능하지 못할 정도까지 일해보니 결과는 꼭 노력에 비례하지 않는다는 것을 알겠더라. 그리고 무리하게 노력하면 몸이든 마음이든 둘 중 하나는 구멍이 난다는 것도.

　이번 대접에서 죽을 만큼 노력하지 않았다. 노력하기 위해 아픔을 견디고 잠을 줄여가며 대접을 준비하고 고통스럽게 요리하지 않았다. 나는 내가 할 수 있는 만큼만 했다. 대신 마음을 다했다. 정성을 다해 대접하고 싶었고 요리에 안녕과 복을 담아 상에 올리고 싶었다. 엄마와 가족들이 먹고 맛있어 할 요리를 만들고 베풀고 싶었다. 이런 마음은 내가 이전에 해오던 노력과는 다른 것이었다. 대접하는 마음은 중력에 의해 물이 흐르는 것 같이 자연스러웠다. 소중한 마음은 과정을 행복하게 만들었다. 내 능력으로 베풀 수 있는 게 감사했다. 정성을 다해 요리를 만들고 대접하고 싶은 마음을 가진 내가 예뻤다. 핸드폰 사진 앱 마지막에 자리한 요리 사진은 이런 마음의 결과물이었다.

죽음에 가까운 노력이 들어가지 않았지만, 가족들에게 대접할 수 있는 훌륭한 결과물이 나왔다. 물론 살아가며 때론 죽을듯한 노력이 필요할 때가 있고, 결과물을 위해 고통받으며 노력해야 할 때도 있지만, 적어도 내가 가족들에게 요리로 베푸는 데 있어 그런 노력은 필요하지 않았다. 그저 나에게 그렇게 하고 싶은 마음만이 필요했을 뿐이다. 그러니 모든 일에 죽을 만큼 노력하지 않아도 된다. 이 생각이 들면서 '세상 참 다행이다'라고 스스로 말했다.

사진 앱을 닫고 노래를 틀었다. 아마 서울에 도착하려면 평소보다 1.5 배에 가까운 시간이 걸릴 것으로 예상된다. 설날 특수가 어디 갈까. 이런 경우에는 노력으로도 해결할 수 없다. 그저 서울 집으로 돌아가겠다는 마음이면 충분하다. 불이 다 꺼진 버스 안에서 눈을 감고 시간이 지나가길 기다린다. 다시 서울로 돌아간다.

첫 번째 생신

당신은 엄마가 좋아하는 음식을 아나요?

　오늘은 양력으로 2월 6일이고 엄마 생신은 음력으로 2월 6일이다. 오늘 누나와 통화하면서 엄마 생신이 양력으로 언제인지 물어보았다. 누나는 매년 새해가 밝으면 달력에 엄마와 아빠의 음력 생신을 양력으로 변환해 적어놓는 것 같다. 그래서 누나는 부모님 두 분의 생신을 까먹은 적이 없었다. 보다시피 나는 양력 2월 6일이 돼서야 엄마의 생신을 변환해 달력에 적어 놓는다. 가족뿐만 아니라 주변 사람의 생일에 민감하지 못한 나는 의식적인 노력이 있어야 까먹지 않고 축하할 수 있다.

　1960년대 어느 해 2월 6일, 엄마가 태어나셨다. 음력, 태음력, 루나 캘린더라고도 불리는 이 날짜 체계를 할머니가 따르시기 때문에 그의 딸인 엄마의 생신도 음력으로 기록되었다. 그래서 매년 양력 달력의 엄마 생신은 날이 다르다.

　올해 엄마 생신은 누나가 알려준 날짜로 2월 25일이다. 체감상 다른 해보다 이르다고 느껴졌다. 내 아이폰 속 캘린더를 켜 스크롤을 쭉 올려보니 작년 엄마 생신은 3월 18일이었는데 언제 이렇게 앞당겨진 건지 음력이 어색한 나는 의아했다. 그리고 더 놀라운 사실을 누나가 전달해 주었다.

"3월에 엄마 생신 또 있어. 올해는 윤달이잖아."

윤달이라서 생신이 두 번이라니. 정말이지 나는 음력 시스템에 관해 아는 게 없었다. 통화 도중 윤달의 개념을 제대로 이해하지 못해 헐레벌떡 윤달에 관해 찾아보았다.

윤달 또는 윤월(閏月)은 태음력에서 자연의 흐름과 생길 수 있는 오차를 보정하기 위해 도입하는 음력의 달.

이 어찌 흥미롭고 신기한 음력의 세계인가. 놀랍게도 윤달은 내가 태어나고 11번이나 있었다. 꼭 2월만 반복되는 것은 아니어서 엄마 생신을 11번 놓쳤던 것은 아니었다(나무위키 기록에 2004년은 윤2월이었던 해로 그때 엄마의 생신을 한 번 놓쳤다).

올해 엄마의 생신은 양력 2월 25일과 3월 26일 두 번이다. '엄마께 식사 대접' 프로젝트는 나의 허술한 계획으로 2월에 대접 한 번, 3월에 엄마 생일상을 차려드리며 마무리하려고 했다. 하지만 엄마 생신이 두 번이니 두 번 생일상을 안 차릴 수가 있으랴. 2023년 윤달은 뜻밖의 디투어(detour, 둘러 가는 길)를 만들었다. 하지만 특별한 디투어가 될 것 같다. 올해에만 있는 두 번의 엄마 생신을 축하하고 대접할 기회니까. 생신도 두 번, 대접도 두 번이면 기쁨도 두 배가 되지 않을까.

2023년 2월 7일 화요일

처음 '엄마께 식사 대접' 프로젝트를 시작했을 때 생일 상을 거하게 차려드려야지 생각했었다. 그렇게 생각한 이유는 다른 집 생일 분위기는 어떤지 알 수 없으나 우리 집은 생일을 크게 기념하지 않기 때문이다.

나의 어릴 적, 집에 친구들을 잔뜩 불러 성대한 생일 잔치를 했던 기억은 초등학교 1학년 딱 한 번이었다. 2학년 때는 집이 아닌 동네 롯데리아에서 데리버거 생일 잔치를 했었고, 3학년 때부터는 친한 친구 몇 명과 부모님이 주신 용돈으로 피자집을 가거나 했었다. 태국에서 살았던 중고등학생 시절에는 부모님 생신이건 내 생일이건 아침에는 미역국을 먹었고 저녁에는 해변과 맞닿아 있는 식당에서 가족끼리 외식하는 것이 전부였다. 선물도 케이크도 딱히 주고받지 않는 소소한 생일 잔치를 하고는 했다.

그리고 10년 동안 엄마의 생신을 직접 챙기지 못했다. 물론 엄마도 내 생일은 챙기시지 못하셨다. 나 혼자 외국에서 떨어져 지내는 동안 맞이하는 엄마 생신은 짧은 통화와 축하로 생일을 기념해야 했다. 물론 엄마와 같이 살고 있던 누나가 내가 떠난 10년 동안 엄마를 아주 잘 챙겨드려 걱정할 일은 없었지만. 그래서 이 프로젝트를 빌려 거한 생일 잔치를 해드리고 싶다.

밤이 되어 샤워하러 욕실에 들어갔다. 나에게 샤워는 오토매틱 모드가 가능한 몇 안 되는 일 중 하나다. 말도 안 되는 상상이나 심각한 고민을 하면서도 깨끗이 씻을 수 있게 오토매틱 멀티-타스킹 능력이 발휘된다. 샤워기 물을 틀고 뜨거운 물이 나올 때까지 기다리다 수도꼭지를 돌려 적절한 물 온도를 맞춘다. 샤워기로 머리부터 온몸에 물을 끼얹으면 오토매틱 멀티-타스킹 시스템이 작동한다. 자동으로 클렌징폼을 하고 샴푸로 머리를 감으면서 고민을 시작했다.

엄마 생신 때 뭐 해드리지. 맛있는 거. 새로운 거. 재밌는 거. 머리에 있는 샴푸 거품을 다 씻고 린스를 머리에 바르면서 의외의 생각이 떠올랐다.

엄마는 생신날 뭐가 드시고 싶을까? 생일상을 마지막으로 언제 받아 보셨을까? 린스를 머리에 바른 채 칫솔에 미백 치약을 올려 양치를 시작하면서 생각을 이어 나갔다.

생신이 두 번이니까 한번은 엄마가 원하시는걸 해드려도 좋을 것 같은데? 엄마가 생신날 드시고 싶었던 음식이나 평소 좋아하시는 요리를 대접하는 게 좋겠다! 양치를 다 하고 샤워볼에 바디 워시 거품을 내면서 생각이 얼추 정리되었다.

그래도 엄마께 직접 여쭤봐야겠어. 샤워기에서 나오는 뜨끈한 물로 린스와 바디 워시 거품을 씻어내리면서 생각은 마무리된다.

왜 진작에 엄마가 좋아하고 원하는 요리를 해드리지 않았을까? 마지막은 차가운 물로 머리부터 발끝까지 물을 뿌려주면 화들짝 정신이 들면서 오토매틱 멀티-타스킹 시스템이 종료된다. 개운한 샤워가 끝난다.

타월로 몸을 닦고 나와 테이블 위 시계를 보니 밤 11시가 다 되었다. 엄마는 벌써 잠자리에 드셨을 테니 내일 저녁에 전화를 드려야겠다. 아마도 이번 생신 대접은 새롭고 특이한 걸 해드리는 게 아니라 엄마가 좋아하는, 드시고 싶어 하시는 걸 대접하는 기회가 될 것 같다. 나는 왜 아직 엄마가 드시고 싶으신 요리를 대접하지 않았던 걸까?

오후 9시 43분 엄마와 영상 통화.

- 아들: 엄마! 얼굴이 안 좋아 보이네. 무슨 일 있어?

- 엄마: 기분이 그래서 그런가 봐. 다운되가지고 업이 안돼.

- 아들: 아이고 무슨 일이신가?

- 엄마: 별일이 있다기보단 요즘 가족들 챙기느라 바빴어.

- 아들: 다른 게 아니라 엄마 생일 기념으로 생일상 대접을 하려고 하는데, 원하는 메뉴 좀 물어보려고.

- 엄마: 지금 아기랑 같이 있어서 오래 통화는 못해.

- 아들: 알겠어. 혹시 엄마가 평소에 먹고 싶었던 거 있어? 아니면 누가 해줬으면 하는 요리. 엄마는 맨날 요리만 했지 누가 해주지는 않았잖아.

- 엄마: 글쎄. 딱 떠오르는 건 없는데. 요즘은 식욕이 별로 없어. 참 왜 그럴까? 그럼 보양식을 먹어볼까?

- 아들: 엄마가 생각하는 보양식은 뭔데?

- 엄마: 염소탕?

- 아들: 염소탕? 하하하. 집에서 염소탕을 만들 수 있어? 또 다른 메뉴는?

- 엄마: 특별하게 생각나는 게 없어.

- 누나: 그럼 솥 밥 어때? 연어 솥 밥 요즘 유행이던데.

- 아들: 누나는 좀 조용히 해봐. 내가 기억하는 엄마가 좋아하는 요리는 매운탕? 매운탕 맛있게 먹는 엄마가 떠오르네.

- 엄마: 나는 매운탕, 해물탕 같은 거 좋아하지. 아니면 곱창전골도 좋아해.

- 아들: 곱창전골? 엄마 곱창전골을 좋아해? 근데 왜 우리랑 한 번도 먹으러 가지 않았어? 엄마랑 곱창전골 먹으러 간 기억이 없는데.

- 엄마: 그건 맛있는 집이 그리 많지 않아서 그랬지. 맛있는 집 있었으면 갔지.

- 아들: 그러고 보니 태국에서 살 때 엄마가 가끔 내장탕 끓이던 게 기억나. 아무튼 이번에는 엄마가 좋아하는 거로 대접해 보려고. 계속해서 특이한 퓨전 요리 위주로 했잖아. 그래서 엄마가 좋아하는 한식으로 대접할게.

- 누나: 한식이면 솥 밥이지.

- 아들: 엄마는 고기보다는 해물을 더 좋아해?

- 엄마: 해물을 더 좋아하는 것 같다.

- 아들: 해물이 좋은 이유가 뭐야? 해물 요리는 많이 안 해봤는데.

- 엄마: 내륙지방에서 자라서 해물을 잘 못 먹어봐서 그런가 봐. 지금은 내일 건강검진 있어서 아무것도 못 먹고 있어. 못

먹어서 식욕이 없나 봐. 당장 떠오르는 음식이 별로 없네.

- 아들: 그럼 엄마 건강검진하고 생각나는 거 있으면 카톡으로 보내줘. 절대 누나가 먹고 싶은 거 하지 말고! 이번 대접은 엄마 생일상이잖아. 엄마가 주인공인데.

- 엄마: 뭐 먹고 싶어라고 물으니까 뭐가 확 안 떠오르지?

- 아들: 나도 비슷해. 이건 내가 엄마 닮았나 보다. 엄마는 매일 요리하는데 정작 받고 싶은 요리는 없네.

- 엄마: 해줄 사람이 없잖아. 그래서 그렇지. 그런 생각을 여태까지 못 하고 살았나 봐. 누가 요리해 줄 거라고.

- 아들: 그러면 천천히 생각해 보셔.

- 엄마: 나는 이런 제의를 받은 것도 아들이 살아생전 처음이야.

- 아들: 내가 할 수 있는 선에서 다 해줄 테니까 말만 해.

- 엄마: 알겠어. 엄마가 생각나는 음식이 있으면 카톡으로 보낼게.

오후 10시 6분 엄마와 영상 통화 종료.

2023년 2월 14일 화요일

목, 금, 토, 일, 월이 지나 엄마와 통화한 지 일주일 가까이 지났다. 어제도 엄마랑 통화했지만, 엄마는 명확하게 어떤 요리를 드시고 싶은지 말이 없으셨다. 엄마는 무엇을 드시고 싶은지 결정하기 어려운 걸까? 가족에게 요리해 주시는 걸 지겹게 해오신 엄마라도 드시고 싶은 게 있을 텐데. 저번 주 통화에서 기분이 처진다는 엄마의 말씀이 마음에 걸린다. 걱정이 내 마음속에 피어오른다.

엄마는 아주 오랫동안 가족들에게 요리해 주시고 있다. 내가 91년생이니 적어도 32년 이상 해오시고 있는 거다. 한 번은 내가 시간여행으로 가보고 싶은 엄마의 어린 시절에 관해 이야기했었다. 엄마의 부모님이신 할머니와 할아버지는 맞벌이 부부셨다. 농사를 짓기도 하고 자연 농원 같은 곳으로 일을 나가시기도 하셨다고 한다. 그래서 외동딸인 엄마는 늘 집에 혼자 계셨다고. 이런 이야기를 들은 나는 엄마께 이런 질문을 했다. 집에 혼자 있는 게 많이 힘들고 외롭지 않았냐고. 그러면 엄마는 딱히 그러지 않았다고 말씀하신다. 혼자 있어도 잘 지냈고 어린

나이부터 집안을 잘 돌봤다. 지금도 우리 엄마는 그런 사람이다.

엄마의 첫 요리는 초등학교에 겨우 들어간 8살 무렵 밥을 짓는 것부터 시작한다. 맞벌이 부부인 할머니와 할아버지가 늦은 시간 집에 돌아오기에 엄마는 당신의 부모님을 위해 밥을 짓기 시작했다. 밥 짓는 건 할머니 어깨너머로 보면서 터득하셨다고 한다.

엄마가 조금 더 자란 후에는 혼자 있는 엄마를 위해 할아버지는 브라운관 티비를 사셨다. 엄마 기억으로 동네 최초였다. 엄마는 집에서 혼자 티비를 보며 여러 요리를 배우셨다. 그 당시 유명 배우가 요리 레시피를 소개하는 프로그램이 있었는데, 엄마는 그걸 보고 작은 노트에 연필로 메모하면서 요리법을 배우고 익혀나갔다고 한다. 그때부터 엄마는 가족의 식사를 책임졌다. 큰 사명감이나 삶의 의미는 아니었다. 그저 가족 구성원으로써 자신의 몫을 해야 했기 때문이었을 것이다. 그 후로 50년 넘게 가족을 위해 요리를 하고 계신다.

고백하자면 나는 무심한 아들이다. 저번 주 통화를 하기 전까지 엄마가 어떤 음식을 좋아하시는지 알지 못했으니. 나는 그걸 한 번도 생각해 본 적이 없었다. 엄마가 해주신 밥을 먹은 게 몇 년인데 단 한 번도 반대로 생각해 본 적이 없다. 대접이라는건 이런 과정에 있다는 생각이 든다. 대접을 받는 사람이 어떤 음식을 좋아하고 먹고 싶어 하는지 생각해 보는, 어쩌면 엄마를 혹은 어떤 사람을 더 자세히 들여다보고 알아가게 되는 관심의 과정 아닐까.

오늘 해가 뉘엿뉘엿 지는 늦은 오후가 돼서야 엄마에게서 카톡이 왔다. 한 장의 이미지를 보내셨다. 엄마의 핸드폰 메모 앱을 캡처한 이미지였다. 거기에는 이렇게 쓰여있었다.

초무침(복어, 오징어, 소라 중 택 1), 미역국, 전(호박, 동태, 동그랑땡, 육전 중 택 1), 김.
점심때는 베이커리 카페에서 빵 투어.
저녁때는 해물탕(섞어찌개식), 밥은 나물밥(양념장).

나는 메시지를 보고 웃었다. 엄마가 목, 금, 토, 일, 월, 화 동안 당신이 좋아하고 받고 싶은 생일상을 고민하시는 모습이 상상되었기 때문이다. 그것도 아침, 점심, 저녁으로 나누어서 말이다. 나는 웃으며 메시지에 답장을 보냈다.

간단한 카톡을 마무리하고 몇 번 엄마가 보내신 캡처 이미지를 다시 보았다. 우리 엄마는 이런 사람이구나. 초무침과 해물탕을 좋아하고 생신상에 전이 올라갔으면 하는 사람이구나. 나는 이 메뉴 그대로 엄마께 식사 대접을 해드릴 예정이다. 엄마가 태어나신 것을 기념하고 축하하는 마음으로 말이다.

2023년 2월 16일 목요일

날씨가 덜 추워졌다. 곧 봄이 올 것 같다. 그럼에도 아직 겨울이란 생각에 '따뜻하다'가 아니라 '덜 추워졌다'고 말한다. 아직은 추우니까 뜨끈한 물로 샤워를 했다. 10시가 넘은 어두운 밤이다. 머리를 다 말리지 않은 채 노트북 앞에 앉아 엄마께 받은 생신상 메뉴 리스트를 보고 있다. 어찌 엄마가 좋아하는 메뉴는 하나같이 나에게 생소한 요리일까? 먹는 것도 생소하지만 요리하기도 생소한 메뉴들이다. 오늘도 노트북을 열어 인터넷 창을 켠다. 레시피를 찾기 위해서다.

하나. 초무침 (복어, 오징어, 소라)
검색창에 '복어 초무침'을 쳐보았다. '복어 손질 유튜버 사망'이 추천 검색어에 뜨는 걸 보니 이건 안 되겠다. 좋은 날 가족을 큰 위험에 빠뜨릴 수는 없다. 오징어초무침으로 검색어를 바꿔 입력하니 다양한 초무침 레시피가 나온다. 레시피 영상을 세 개쯤 보니 대충 어떻게 만드는 요리인지 눈에 들어온다. 오징어초무침을 더 깊이 검색한다. 다양한 사람들이 올린 레시피가 보이는데 그중 미나리가 들어간 초무침이 있었다. 그냥 초무침은 기본 재료와 양념 외에 야채를 오이나 무를 넣어서 만드는데 미나리 초무침은 다른 재료 대신 미나리를 넣는다. 생각만 해도 향긋해지는 초무침이다. 아무래도 엄마께는 미나리 오징어초무침을 해드려야겠다. 봄기운이 조금씩 올라오는 요즘이니 좋아하실 것 같다.

둘. 미역국

미역국은 황태 미역국을 해드리고 싶었다. 소고기나 조개를 넣은 미역국은 평소 엄마가 자주 해 드시니 생신상에는 특별한 미역국을 올리고 싶어서였다. 찾아본 레시피 글에서는 들기름을 쓰는 것과 들깻가루를 넣는 것을 추천했다. 레시피 영상들은 모두 노하우가 조금씩 달랐다. 여태까지 나는 '미역국을 끓일 줄 안다'라고 생각했는데, 경솔한 생각이라는 걸 깨달았다. 미역과 물의 비율부터 시작해서 미역을 왜 오래 볶아야 하는지, 불 조절은 어떻게 해야 잘 우릴 수 있는지 새롭게 배웠다. 한 가지 충격적이고 새로운 사실은 소금으로 간을 하게 되면 쓴맛이 올라올 수 있다는 영상 속 선생님의 가르침이었다. 그래서 미역국은 간장과 액젓으로 간을 하는 게 좋다고 한다. 여태까지 간장과 소금을 섞어서 간을 맞췄는데, 찾아보지 않았더라면 짜고 쓴 생신 미역국이 될 뻔했다.

셋. 전(호박, 동태, 동그랑땡, 육전)

호박, 동태, 동그랑땡, 육전 중 동그랑땡을 해드리기로 결정했다. 이유는 엄마께서 나에게 직접 알려주신 요리이기도 하고 온 가족이 사랑하는 음식이기 때문이다. 동그랑땡은 엄마 레시피로 할 것이기 때문에 따로 레시피를 찾아보지 않았다. 대신 들어갈 재료들을 메모장에 적었다. 갈린 돼지고기, 두부, 양파, 당근, 대파, 버섯, 계란. 동그랑땡은 엄마가 가르쳐주신 대로 아들인 내가 되돌려 대접해 드리려고 한다.

넷. 김

이걸 요리라고 해야 할까, 재료라고 해야 할까? 시중에 판매되는 김을 사 포장을 뜯어 올릴 수도 있고, 조미되지 않은 김을 가져와 굽고 참기름을 바르고 소금을 뿌릴 수도 있겠지만 이건 엄마를 낳아주신 할머니께 도움을 받아보고자 한다. 왜냐하면 할머니는 아직도 집에서 김을 그우시기 때문이다. 짭조름하게 간을 하셔서 밥을 싸 먹으면 그렇게 맛있을 수가 없다. 가능하다면 엄마 생신에 닦춰 할먼네서 할머니 김을 가져와야겠다.

다섯. 해물탕(섞어찌개식)

가장 오랜 시간 레시피를 찾았다. 수십 가지 레시피를 찾아보니 해물탕에 들어갈 수 있는 해물은 사람마다 다양했다. 꽃게, 홍합, 새우, 오징어, 전복, 문어, 생선알 등 입맛에 맞는 해산물을 취향껏 넣으면 된다. 아무래도 안성에서 시장을 보게 된다면 내륙지방이니 구할 수 있는 해산물이 한정적일 거라고 생각했다. 별다른 도리없이 재료를 살 때 나의 즉흥적인 감각을 믿어보기로 했다.

대신 해물탕은 연습을 해보고 가려고 한다. 해물탕의 조리법은 다양했는데, 누구는 된장을 한 숟가락 넣고 누구는 고추장을 넣기도 한다. 간을 맞추는 것도 사람마다 달랐다. 누구는 조선간장으로 하기도 했지만, 누구는 소금과 새우젓으로 간을 맞추기도 했다. 역시나 정답은 없어 보인다. 생일상에 올리기 전에 한번 연습해 보고 내 기준에서 최고의 레시피를 찾아야겠다. 그러나 레시피마다 나오는 팁은 끓을 때 나오는 거품을 꼭 걷어낼 것. 해물의 경우는 불순물이 거품이 되어 나온다고 한다.

여섯. 나물밥(양념장)

나물밥은 곤드레밥으로 대접하기로 했다. 강원도로 가족과 여름 여행을 갔을 때 곤드레밥을 좋아하시던 엄마의 얼굴이 생각나서였다. 찾아본 곤드레밥 레시피는 정갈 흥미로웠다. 나물을 삶고 버무리고 다시 밥솥에 올려 또 밥을 하는 과정이 생소하고 신기했다. 곤드레밥에는 곤드레나물뿐 아니라 표고버섯을 올려주면 향이 더 좋아진다고 한다. 레시피 선생님들은 모두 곤드레밥에 뿌려 먹는 양념을 만드셨다. 파, 달래, 간장, 들기름, 깨, 액젓을 넣어 만든 양념은 물에 희석해 양념장의 맛을 슴슴하게 하는 게 포인트라고 한다. 그것이 곤드레나물의 향을 그대로 느낄 수 있게 하는 곤드레밥 전문점 스타일 양념이라고 말이다.

대접하는 것은 재료를 사고 요리하는 것 이상이라고 또 한 번 느낀다. 요리하기까지 위한 모든 과정이 대접의 일부다. 오늘은 엄마께 식사를 대접하기 위해 레시피를 탐구하는 과정이었다. 내가 차릴 생신상을 엄마가 좋아하셨으면 좋겠다. 대접은 엄마께 드리는 내 마음과 노력이니까.

월요일에는 황태 미역국을, 오늘은 오징어 미나리 초무침과 해물탕을 연습했다. 대접마다 레시피를 배우고 숙지하지만 실제로 해보는 것은 완전히 다른 경험이다. 특히 월요일에 만들어 본 황태 미역국은 들기름을 사용한 미역국이기 때문에 마지막에 들깻가루를 넣어야 그 맛이 배가 되는 걸 경험으로 배웠다. 오늘 해본 오징어 미나리 초무침과 해물탕도 마찬가지였다. 오징어를 어느 정도 데쳐야 하는지, 양념에 식초와 설탕을 얼마나 넣어야 새콤달콤해지는지 알 수 있었고, 해물탕에 해물은 어떤 순서로 넣어주어야 하고, 칼칼한 맛을 만들려면 고추장과 고춧가루를 얼마나 넣어야 하는지, 직접 만들고 맛보아야 어떻게 만드는지 알 수 있었다.

이번 주에 연습했던 모든 요리는 먹어 본 적은 있지만 한 번도 요리해 본 적 없는 음식들이었다. 그래도 먹어본 적이 있는 이유는 역시나 우리 엄마다. 미역국도, 오징어 초무침도, 해물탕도 나는 모두 그 '맛'을 알고 있었다. 그 맛의 경험은 엄마에게서 물려받은 것이다.

미역국의 미역 건더기를 좋아하시는 엄마는 물 반 미역 반으로 만들어 감칠맛을 만들어 낸다. 오징어초무침은 꼭 오이를 넣어 아삭아삭한 식감을 새콤달콤한 양념과 먹을 수 있게 요리해 주신다. 허물탕은 자식들이 좋아하는 게와 새우를 꼭 넣으시고 아빠를 위해 두부를 잔뜩 올려 끓인다. 엄마는 할먼네 시골 고추장과 고춧가루를 사용해 바닷가 앞 횟집에서 먹는 매운탕과는 조금 다른 맛을 구현하신다. 나는 그런 미역국, 초무침, 해물탕을 먹으며 자라왔다. 엄마를 통해 맛을 배운 음식은 너무 많고 다양해서 리스트를 만들려고 하면 끝이 없을 거다. 내가 먹어본 음식 중 90%는 엄마가 해주셔서 알게 된 음식이었을 테니까. 엄마는 날 그렇게 키우셨다.

다른 현대인들과 마찬가지로 하루하루 새롭고 자극적인 맛을 찾으며 살아가지만 결국 쉬는 날 늦은 오후에 생각나는 건 엄마의 음식이다. 엄마가 그동안 해주신 셀 수 없이 많은 음식과 끼니들이 살과 근육을 만들고, 뼈를 자라게 하고, 힘이 되어 살아가게 했다. 해주신 모든 음식은 결국 내가 되었다. 나는 내가 최초의 형태일 때부터 엄마가 주시는 음식을 먹으며 자랐다. 내가 물질적으로 드리는 것이 없어도 엄마는 계속 주셨다. 그게 모든 엄마의 역할인지 아니면 그렇게 하는 게 세상을 살아가는 법인 줄 아셨는지 알 수 없지만, 지금 아들의 생각으로는 당연한 일은 아니다. 결국 엄마가 주신 것은, 아직도 주고 계신 것은 인생을 살아가게 하는 '양식'이고 '사랑'이다.

프로젝트를 시작할때부터 어렴풋이 이런 생각을 하고 있었다. 엄마께 항상 사랑을 받아왔으니 나도 잠깐이나마 엄마께 사랑을 표현할 줄 아는 아들이 되어야겠다는 생각. 용돈을 드리거나 여행을 보내드리거나 명품 가방을 사드려도 되지만 나는 엄마가 해주신 것처럼 요리로 그 마음을 전달하고 싶었다. 정확히 알고 있지 못했지만, 나는 언제나 엄마처럼 사랑을 주는 삶을 살아보고 싶었고 요리로 사랑을 표현할 줄 아는 사람이 되고 싶었던 것 같다. 무의식중에 엄마를 닮은 아들이 되고 싶었을지도 모르겠다.

요리를 연습하고 엄마께 대접하는 일이 좋다. 온 가족이 먹는 식사가 좋다. 사랑을 표현하는 일이 좋다. 결국 또 사랑을 받아 가는 사람은 나인 것 같다.

2023년 2월 24일 금요일

　금요일 오후. 이번 달도 어김없이 안성행 버스를 타고 엄마 집으로 향했다. 마침 버스가 도착하는 시간에 맞춰 대기하고 있던 부모님과 아기 조카는 나를 데리고 시내 소아과로 향했다. 감기에 걸려 콜록콜록 기침하는 아기 조카를 위해서였다. 병원에서 한바탕 울음바다가 지나가고 진찰이 끝났다(아기 조카는 의사 선생님께 "주사 싫어"라고 또박또박 말했다). 그리고 다 같이 마트로 향했다. 내일 엄마 생일상으로 대접할 요리 재료를 미리 사기 위해서였다.

　마트에서 살 재료들은 많지 않았다. 몇몇 재료는 이미 엄마 집에 있었기 때문에 오징어, 미나리, 오이, 해산물, 콩나물, 두부, 표고버섯, 간 돼지고기 등 딱 필요한 것만 장바구니에 넣고 마트를 나왔다. 이번 장바구니에는 문어를 포함한 다양한 해산물이 가장 큰 비중을 차지했다. 문어, 꽃게, 오징어, 낙지, 백합, 새우, 전복, 홍합, 총 여덟 가지. 다행히 마트에서 이 모든 종류의 해산물을 조금씩 넣어 한 팩의 해물탕 세트로 팔고 있었다. 각 해산물을 마트에서 소량으로 파는 경우는 드물기 때문에 해물탕 키트를 사면 다양한 해물을 맛볼 수 있는 장점이 있다. 오늘도 두 손 무겁게 장바구니를 들고 엄마 집으로 돌아왔다.

오늘은 엄마가 해주신 양념 갈비로 저녁 식사를 하고 다 같이 티비를 보고 있었다. 엄마가 해주신 갈비를 열심히 뜯은 나는 포만감이 사라질 때쯤 부엌으로 향했다. 내일 아침에 대접할 미역국을 오늘 끓여놓기 위해서였다.

먼저 마른미역을 찬물에 불려야 한다. 찬물에 불려야 비린내가 나지 않는다. 미역을 불리면서 냄비에 들기름과 황태를 넣어 볶아준다. 들기름은 발연점이 낮기 때문에 중불 정도로 불을 맞추고 황태에 들기름이 모두 스며들 때까지 볶아주면 된다. 다 불은 미역은 물에 깨끗이 씻어주고 먹기 좋은 크기로 잘라준다. 그리고 미역을 황태를 볶아주던 냄비에 모두 넣어준다. 그리고 아주 오랫동안 지글지글 볶아준다. 황태와 미역에서 뽀얀 국물이 자작하게 나올 때까지. 이 뽀얀 국물은 아주 좋은 액기스가 된다.

이제 물 반 미역 반이 될 때까지 물을 부어주고 센 불에서 20분 정도 펄펄 끓여준다. 여기서 불을 끄고 내일

먹어도 좋겠지만 나는 중불에서 10분, 약불에서 10분을
더 끓여주어 국물을 우려주었다. 참치액젓과 간장으로
간을 해주고 다진 마늘도 한 스푼 넣어준다. 그리고 맛을
살짝 보았다. 황태 미역국은 훌륭했다. 오늘 끓인 미역국
은 내일 더 맛있을 걸로 생각하며 미역국이 담긴 냄비의
뚜껑을 닫았다.

엄마 집에 오면 평소보다 일찍 일어나게 된다. 가족들의 대화 소리와 아기 조카의 웃음소리가 귀를 간지럽히기 때문이다. 가족의 소리는 핸드폰 알람과 다르게 기분 좋게 잠을 깨워준다.

주섬주섬 침대 밖으로 나와 주방에서 내가 사드린 원두와 드리퍼로 엄마와 나눠마실 드립 커피를 내린다. 엄마는 연하게 드시기 때문에 내가 마실 커피보다 물을 더 부어 파란 커피잔에 담아드린다. 모닝커피를 마시며 정신을 차린다. 오늘은 요리할 정신을 차려야 한다. 잠시 엄마와 대화를 나누다 보니 머그잔 속 커피가 바닥을 보였다. 슬슬 아침 겸 점심이 될 첫 생신상을 차려드려야 할 시간이었다.

나는 냉장고로 성큼성큼 걸어가 오징어 미나리 초무침과 동그랑땡에 필요한 재료들을 모두 꺼냈다. 먼저 오징어 미나리 초무침을 준비했다. 어제 사둔 손질된 오징어 두 마리를 꺼내서 삼등분해 잘라 놓는다. 그리고 웍(음식을 볶거나 요리할 때 쓰는 우묵하게 큰 냄비)에 물과 미

큄을 자작하게 붓는다. 그리그 둘이 끓으면 오징어를 3
분 정도 데쳐준다. 오징어의 색깔이 보라색으로 변하면
큰에서 꺼내 열을 식혀준다. 미나리와 오이, 양파, 파, 고
추는 투박하게 썰어 큰 스테인리스 볼에 담아 무칠 준비
를 하고, 할머니 고추장과 고춧가루, 식초, 액젓, 매실액,
설탕, 물엿, 깨소금, 참기름, 다진 마늘을 레시피 비율에
닺춰 섞어 양념을 만든다. 양념을 새끼손가락으로 살짝
찍어 맛을 보았다. 새콤 매콤 달콤하니 잠들어 있던 입맛
디 살아난다. 야채와 양념을 준비하고 나니 데친 오징어
가 식어있었다. 오징어를 먹기 좋은 크기로 잘라주어 볼
이 넣어준다. 재료 준비를 마쳤으니 식사 전 양념과 함께
두쳐주기만 하면 오징어 미나리 초무침은 완성된다.

　다음 요리는 동그랑땡이다. 간 돼지고기를 팩에서 꺼
나 볼에 담으려고 하는데 엄마가 부엌으로 오셔서 팁을
히나 주셨다.

　"돼지고기는 집에 있는 갈비 양념 남은 거로 간을 해
주면 더 맛있을 거야. 이렇게 양념 조금 넣어서 조물조물
해봐."

　엄마는 돼지고기에 직접 만드신 갈비 양념을 살짝 부
어주셨다. 나는 돼지고기를 조물조물 양념과 섞어주었
다 돼지고기에 양념이 밸 동안 당근, 양파, 파, 표고버섯,

마늘을 다져주고 두부는 물기를 최대한 제거해 으깨준다. 그리고 모든 재료를 볼에 넣어 잘 섞어준다. 재료만 봐도 맛있을 수밖에 없는 조합이다. 여기에 계란을 풀어 만든 계란 물을 재료와 섞어준다. 그럼 간편하게 할 수 있는 동그랑땡 반죽이 준비된다. 프라이팬을 꺼내 식용유를 둘러주고 동그랑땡 반죽을 숟가락으로 떠 팬에 올려준다. 한입에 들어갈 적당한 크기로 얇게 올려주면 좋다. 잘 달궈진 팬에 반죽을 올리면 튀겨지는 듯한 맛있는 소리가 난다. 타지 않게 여러 번 뒤집어 익혀주면 동그랑땡 한 접시가 완성된다.

"거의 다 됐어! 와서 상 차려줘!"

상 가운데 오징어 미나리 초무침과 동그랑땡을 올렸다. 누나는 밥과 어제 미리 끓여둔 황태 미역국을 가족 숫자에 맞게 퍼 날랐다. 김치도 두 종류로 꺼내놓고 집에 있던 김도 올렸다.

"할머니 김도 있으면 생일상으로 딱 좋은데. 어제 갔다 올걸 그랬나?"

나는 미안한 듯 말했다. 아쉽게도 어제 할먼네에 들리지 않아 할머니께서 만든 김을 가져올 수가 없었다.

"아냐 괜찮아. 집에 있는 김도 곱창 김이라고 맛있는 거야. 이미 먹을 게 많은데 뭐."

엄마, 아빠, 누나, 매형, 아기 조카와 나는 다 같이 상에 둘러앉아 엄마의 생신을 축하하며 식사를 시작했다. 제일 인기가 많았던 음식은 엄마 레시피로 만든 동그랑땡이었다. 많을 줄 알았던 한 접시는 금방 비워졌다. 모두가 배부르게 식사를 마쳤고 상을 치우면서 엄마는 나에게 한 가지 부탁을 하셨다.

"아들, 할머니 가져다드리게 미역국이랑 동그랑땡 좀 더 해줄 수 있을까? 할머니 요즘 드실 게 없어서 말이야."

엄마는 생신날 할머니를 챙기시는 걸 빼놓지 않으셨다. 할머니께서도 엄마를 위해 생일 미역국을 끓여놓으셨을 게 분명한데 말이다.

오후 4시가 조금 넘어 나는 저녁 식사를 준비하기 시작했다. 해야 할 음식은 곤드레밥과 해물탕이다. 곤드레밥은 밥솥에서 40분 정도 지어야 하므로 먼저 시작해야 할 요리였다. 미리 오전에 강원도 정선에서 가져온 건 곤드레나물을 물에 담가놓았다.

불린 곤드레나물을 끓는 물에 5분 정도 푹 삶았다. 삶는 동안 곤드레밥에 필요한 양념장을 만들었다. 할먼네서 가져온 달래와 간장, 들기름, 깨소금, 액젓을 넣어 묽게 양념장을 만들어 주었다. 아주 고소하고 감칠맛이 나는 양념장이었다. 달래 향도 은은하게 퍼져 향도 좋았다. 곤드레밥 양념장은 진한 양념장을 물에 희석해 슴슴한 양념장을 만들어 주는 게 포인트다.

삶은 곤드레나물은 찬물에 깨끗이 헹궈주고 물기를 꼭 짠다. 그리고 간장과 액젓을 반 숟가락씩 넣어 조물조물 양념해 주었다. 그 사이 프라이팬에 표고버섯도 볶아주고, 온 가족이 먹을 만큼 흰 쌀을 준비해 20분 정도 불려준다. 불린 쌀에 물을 살짝 부족하게 맞추고 그 위에 곤드레나물과 표고버섯을 올려 밥을 지어주면 된다.

밥을 짓는 동안 해물탕을 만들었다. 재료들을 준비해 주고 하나씩 레시피에 맞춰 넣어주었다. 먼저 무와 다시마로 육수를 내주고, 할멈네 시골 고추장을 풀어 국물을 만든다. 그다음 손질한 꽃게와 홍합을 넣고 끓이다 파, 양파, 다진 마늘, 고춧가루를 넣고 액젓과 소금으로 간을 맞춘다. 그리고 백합, 전복, 새우, 낙지, 문어, 콩나물, 미나리 순으로 해물과 채소를 넣어 익혀준다. 엄마는 꼭 두부를 넣어달라고 하셨기 때문에 마지막에는 찌개 두부를 썰어 올려주었다.

해물탕은 해물을 넣는 순서가 중요하다고 배웠다. 꽃게와 홍합은 국물을 내는 해물이기 때문에 제일 먼저 넣어주고 문어나 낙지, 새우 같은 해산물은 오래 익히면 질겨져 맛이 없기 때문에 나중에 넣어준다. 마찬가지로 전복이나 백합은 너무 뜨거운 물에 퐁당 빠뜨리면 쪼그라들어서 질겨지니 불을 조절하며 넣어야 한다.

다 익은 해물탕은 꽃게 껍데기와 미나리로 비주얼을 업그레이드시켰다. 다 만들고 나니 그럴싸한 해물탕이 되었다. 살짝 국물 맛을 보았는데 칼칼하면서 구수했다.

"와우! 아들 정말 고마워. 양이 어마어마하네~."

생신상을 받은 엄마는 기뻐하셨다. 가족들은 곤드레밥과 해물탕을 맛보기 시작했다.

"곤드레밥 향이 너무 좋다." 엄마는 곤드레밥에 양념장을 얹어 비비시며 말씀하셨다. 누나는 "전복은 하나밖에 없네. 이건 엄마 거네!"라고 하며 자신이 건진 전복을 엄마의 그릇 위에 올려드렸다. 그리고 아빠는 "꽃게 먹어봐. 꽃게가 살이 꽉 찼어"라며 해물탕에서 건진 꽃게를 먼저 드셨다. 매형은 "이건 문어인가? 이거 먹어봐"라며 누나에게 문어 다리를 건네주었다. 매운 해물탕을 먹을 수 없는 아기 조카에게는 곤드레밥을 퍼주어 나눠 먹었다.

엄마 생신상으로 차린 곤드레밥과 해물탕은 흔적도 없이 사라졌다. 대접하는 사람으로서 모두가 맛있게 배불리 먹어주어 기뻤다. 특히 엄마가 맛있게 드셨다. 이런 뿌듯함에 대접하나 보다. 내가 사랑을 표현하고 그 사랑을 상대가 온전히 받아주었을 때 요리는 비로소 사랑의 언어가 된다고 느끼는 순간이었다.

2C23년 2월 25일 토요일
밤

    저녁 식사를 하고 음식이 소화될 때쯤 가족들과 다시 식탁에 모였다. 이번에는 생일 파티를 위해서였다. 누나는 광에서 엄마 몰래 준비한 선물을 들고나왔고 나는 냉장그에 넣어둔 케이크를 꺼냈다. 케이크와 선물을 보신 엄다는 활짝 웃으시며 기뻐하셨다.

    '어차피 예쁠 건데 한 살 더 먹으면 좀 어때'라고 쓰여 있는 레터링 케이크를 꺼내 박스 위어 올렸다. 초에 불을 피우고 다 같이 노래를 불렀다.

    "사랑하는 엄 마 의 ~ 생신 축 하 합 니 다 ~ "

    노래가 끝나고 엄마는 잠시 기다리시더니 후하고 촛불을 끄셨다. 촛불을 불기 전 짧은 순간 엄마는 소원을 비셨을 거로 생각했다. 그리고 누나는 엄마께 선물을 전달해 드렸다. 엄마는 "뭘 또 이런 걸 준비했어"라고 하시며 놀라셨다. 자식들이 돈을 모아 명품을 사드린 것도 아닌데 그만큼 놀라고 좋아해 주시는 모습에 나도 같이 미소 지었다.

    옆질 잘 나가는 자식처럼 엄마께 몇백만 원의 가방이

나 수표로된 용돈은 못 드리지만, 오늘 하루 최선을 다해 엄마 생신을 축하해 드렸다. 엄마는 자식들이 준비한 소소한 대접과 선물에도 활짝 웃으시며 기뻐해 주셨다.

선물 증정까지 끝나고 가족들은 식탁에 둘러앉아 케이크를 나누어 먹었다. 아기 조카는 자신 앞에 놓인 케이크 한 조각으로는 부족했는지 더 달라고 큰 소리로 외쳤다.

"또! 또!"

2023년 3월 3일 금요일
사랑한다 요리할 수 있어.

지난 11월에 남긴 일기를 들춰보았다. 첫 대접을 어설 프게 해내고 아직은 대접하는 게 어색하다는 내 글을 읽고 있으니 나름 얼마나 성장했는지 느껴졌다. 이제는 레시피도 잘 찾고 요리 연습도 능숙해 대접할 때 어렵지 않게 요리할 수 있다. 식사 대접도 몇 번 해보다 보니 그새 익숙해졌나 보다. 이쯤이 돼서야 내가 왜 '엄마께 식사 대접' 프로젝트를 시작했고 요리하는 삶을 살아보고 싶었는지 깨닫게 된다.

나는 나만을 위해 요리하는 사람이었다. 가족들에게도, 친구들에게도, 모임에서도 굳이 요리하지 않았다. 나에게 요리는 내가 먹고 싶은 걸 혼자 만들어 혼자 먹는 것이었다. 음식 만드는 걸 좋아하지만 나누어 먹을 요리를 하는 건 어려웠다. 음식은 나의 언어가 아니었다. 혼 잣말하기 위해 언어가 존재하는 것은 아니니까.

아주 오래전 내가 고등학생이었을 때 드라마 <파스타>가 인기였다. 여름 방학 때 나는 드라마에 나온 '봉골레 하나'를 만들어 보고 싶었고 엄마와 총 3개의 마트를 돌아다니며 재료를 구하러 다녔다. 그리고 저녁으로 엄마께 봉골레 파스타를 만들어 드린 게 생각난다. 냄비에는 링귀니 면을 삶고 프라이팬에서는 올리브유와 화이트와인, 모시조개로 오일 소스를 만들었다. 나름 에피타이저로 토스트 한 식빵에 봉골레 소스를 올려 핑거 푸드도 만들었다. 내 기억 속 엄마께 처음 요리를 해드린 날이었다. 엄마는 종종 그날을 이야기하신다. 아들과 모시조개를 구하는 게 얼마나 힘들었는지, 처음 드셔보는 봉골레는 얼마나 맛있었는지, 고등학생 아들이 요리를 얼마나 열심히 했는지. 그날은 내가 처음 요리로 말한 날이었다. 하지만 그때뿐이었다. 그 후론 나 자신 외에 누구를 위해 요리한 적은 손에 꼽을 정도로 없었다.

나는 엄마를 사랑한다. 나를 낳아 주시고 키워주셨기 때문이기도 하겠지만, 그렇지 않아도 엄마를 사랑했을 거다. 엄마가 나를 사랑하시기 때문에. 그래서 '엄마께 식사 대접'을 시작했다. 처음에는 이 사실이 당연해 인지하지 못했지만 대접하면서 깨달았다. 내 요리의 이유는 사랑이었다. 사랑을 받았고 사랑을 주기 위해 요리로 표현했다. 레시피를 찾아 연습하고, 재료를 사고 요리를 하고 같이 나눠 먹는 이유는 내가 사랑한다고 말하고 싶었기 때문이었다. 프로젝트를 시작하기로 마음먹은 지난 11월, 아니면 그 전부터 나는 엄마께 사랑한다고 말하고 싶었다. 입술과 성대를 통하지 않고 내 마음을 표현하고 싶었고 그게 요리가 되었을 뿐이다. 식사 대접의 모든 과정에 사랑이라는 마음이 있었고 대접함으로 그 마음을 전달했다. 요리는, 대접은, 음식은 일종의 언어일지도 모른다.

나에게 요리하는 삶은 사랑을 표현하는 삶이다. 지나가던 정체 모를 사람이 나에게 '요리는 사랑은 언어입니까'라고 묻는다면 나는 말할 것이다. 아직 전문적으로 배워본 적도 없고 자격증이나 학위도 없지만, 내가 요리를 대접하고 베풀려는 의지와 행복하게 해주고 싶은 마음은 사랑이고 사랑의 표현이라고.

당신에게 요리는 사랑의 언어입니까?
당신에게는 사랑의 언어가 있으십니까?

또 생신

요리하는 삶을 산다는 것은.

3월 26일은 엄마의 두 번째 생신이다. 나의 계획은 엄마께 갈비찜이나 잡채같이 남들이 다 하는 성대하고 기름진 생신상을 차려드리는 것이었다. 하지만 지난 첫 번째 생신이 지나고 엄마는 엄마의 계획이 있다고 하셨다.

"다음 생일은 내가 대접할게."

엄마는 말씀하셨다.

"엄마 생일인데? 내가 생일상 또 차려줄게. 더 맛있는 걸로."

엄마 생신에 제일 축하 받아야 하는 사람은 엄마니까, 당연히 엄마께 생신상을 차려드리고 또 축하해 드리려 했다고 말했다. 하지만 엄마는 확고하셨다.

"친구가 이천에 맛있는 쌀밥 집이 많다고 했어. 생일날 다 같이 거기 가보고 싶어서. 분위기도 좋을 거고 한 번은 꼭 데려가 주고 싶어."

엄마의 계획은 아들이 차려주는 생신상이 아니라 당신이 생일상을 대접하는 것이었다. 단단한 엄마의 말씀에 나는 "알겠어. 그래도 미역국은 내가 끓여줄게"라고 말했다. 다섯 번째 대접은 엄마께 식사 대접 해드리기가 아닌 엄마께 식사 대접 받기로 계획이 바뀌었다.

엄마는 어떤 마음이셨을까? 생신에 축하받는 것이 아니라 베풀려고 하시는 마음은 어떤 마음일까? 사랑을 받는 것도 좋지만, 반대로 사랑을 줄 때 또 사랑하게 된다는 느낌이겠지 짐작했다.

우리 가족의 생일 관련 에피소드 중 가장 기억에 남는 것은 나의 15번째 생일이다. 중학교 2학년이었던 나는 4월 중순에 있는 내 생일 2주 전부터 가족들에게 대대적인 광고를 하고 다녔다.

"기억하자 416! 상기하자 416! 416은 내 생일!" 가족들에게 거대한 생일 축하를 받고 싶은 나의 소망은 프로파간다처럼 이어졌다. 집안 곳곳에 색연필로 그린 포스터를 붙이고 아침마다 구호를 외치고 다녔다. 가족들은 이 모습이 우스꽝스러워 보였는지 얄미운 말들로 나를 놀리기 바빴다. 아직도 내 생일이 되면 아빠는 "기억하자 416! 상기하자 416"을 외치신다(나는 부끄러워 애써 무시한다).

생일에 축하받고 싶은 욕구는 30대가 된 지금도 있다. 자신이 태어난 날을 기념하고 축하받고 싶은 것은 모두가 원하는 것이니까. 그건 아마도 자신의 존재가 사랑받고 있다는 것을 확인하고 싶은 마음이 아닐까.

그런데 그런 소망을 표출하는 생일날, 엄마는 역으로 가족들에게 대접을 해주신다고 했다. 어쩌면 엄마는 사랑을 표현함으로 당신의 존재를 확인하시는 것 아닐까? 고맙다고, 사랑한다고, 미안하다고 표현함으로 당신이 사랑받고 사랑하고 있음을 확인하시는 것 아닐까. 그 마음이 무엇인지 아들은 알 수 없지만, 생신날 식사 대접을 베풀려는 모습은 참 우리 엄마다운 모습이라고 생각했다.

2023년 3월 21일 화요일

월요일에 머리를 자르려 했으나 촘촘하고 바삐 움직여야 하는 일정에 매달 가는 미용실 예약을 못 했다. 화요일은 미용실 원장님 휴무 날이라 당일 예약이 될지 싶었지만, 안되면 원장님 아드님인 실장님에게 머리를 맡겨도 괜찮다는 마음으로 전화를 걸었다.

"안녕하세요. XX헤어입니다." 예상 밖으로 원장님이 전화를 받으셨다.

"안녕하세요, 원장님. 저 재민인데요. 혹시 오늘 예약 가능할까요? 오늘 컷트로 다듬기만 할 거예요"

"아~ 재민 씨~ 오늘 몇 시 생각하고 있어?"

원장님이 출근하셨으니 오늘은 거리를 자를 수 있겠다 이번 달부터는 계속 고수하던 짧은 헤어컷을 뒤로하고 성숙한 스타일을 해보고 싶어 머리를 기르기로 했다. 지금까지는 아이비리그 컷을 표방하며 말년 병장과 유사한 머리를 해왔는데 얼마 전 드라마에서 본 장기용의 차분한 머리가 하고 싶어졌다. 헤어 스타일을 바꾼다고 장기용이 되지 않는다는 것을 너무나 잘 알지만, 헤어 스타일을 바꾸면 마치 새로운 사람이 된 것 같은 기분이 들기도 하니까.

엄마의 두 번째 생신이자 식사 대접 프로젝트의 마지막 방문 일주일 전, 어김없이 머리를 단정하게 자른다. 오히려 이번에는 내가 엄마께 대접받는 식사로 바뀌었지만, 머리를 단정하게 하는 의식은 똑같다. 대접을 받는다고 해서 독립한 아들의 까치집이 된 머리와 삐죽삐죽 귀위로 튀어나온 정리 안 된 머리를 보여드릴 수는 없다. 자신을 잘 돌보고 건강한 모습을 보여드려야 한다는 것은 나의 철칙 중의 하나이니까. 다만 이제 이런 마음으로 미용실에 가는 건 마지막이다.

예약된 시간에 미용실에 도착해 원장님께 30분 동안 머리 손질을 받으니 내가 봐도 멀끔한 아들이 되었다. 원장님은 기장이 어중간하니 고데기로 컬을 주면 좋다면서 고데기 손질까지 해주셨다. 이 모습으로 바로 안성 엄마 집에 가고 싶도록 예쁘게 해주셨다. 머리를 다듬은 내 모습을 보니 엄마께 착한 아들로 보일 수 있겠다는 확신이 들었다. 혹시 나는 헤어 스타일도 마음도 '진짜' 착한 아들이 아닐까? 나는 효자다. 효자. 우쭐거리며 미용실을 나왔다.

2023년 3월 25일 토요일

1

오늘은 토요일. 안성 엄마 집이다.

어제저녁, 엄마 집에 도착해 엄마와 지도 앱을 뒤적거리며 찾은 이천의 한 쌀밥 집이 있었다. 테이블 예약은 불가하고 당일 방문으로 가야 하는 집이었다.

아침부터 부지런히 차를 타고 움직여 부모님과 나는 오픈 시간인 11시에 딱 맞춰 도착했다. 차에서 내려 식당 건물 앞으로 가니 직원이 대기 번호를 나누어주고 있었다. 우리는 30번이었다.

대기 하는 동안 가까운 곳에 꽃가게가 보였다. 엄마와 나는 꽃가게로 향했다. 꽃가게는 들어가는 입구부터 엄마의 생신을 축하하듯 피어난 봄꽃들로 가득했다. 스위스 들판에서 필법한 꽃들이었다. 자잘한 들꽃과 야생화는 어느새 엄마를 미소 짓게 했다.

"엄마, 내가 하나 사줄게. 골라보셔."

엄마는 천천히 둘러보시고 작은 화분 두 개를 고르셨다. 이름 모를 보라색 꽃과 흰색 꽃이었다. 키우기 힘들까 걱정하셨지만 나는 그런 걱정은 하지 마시라며 카드를 긁었다. '엄마께 식사 대접' 프로젝트를 시작하면서 프로포즈 때 장미를 드리려고 했다 깜빡했었는데, 이렇게 꽃 화분을 생신 선물로 드리니 다섯 배는 덜 오글거리고 기분도 따뜻했다.

꽃가게에서 돌아와 식당 앞 무료로 나누어주는 뻥튀기를 먹으며 심심함을 달랬다. 뻥튀기 통 옆에는 한 직원이 끊임없이 돼지고기를 숯불에 굽고 있었다. 숯불고기의 냄새는 우리의 배고픔을 극대화했다.

식당 대기는 생각보다 길지 않았다. 곧 30번이 불렸고 우리 식구 세 명은 널찍한 테이블에 앉을 수 있었다. 테이블에 앉아 일단 메뉴판부터 보았다. 우리는 돼지숯불구이 1인분과 보리 굴비 2인분을 시켰다. 특별한 날이니 자주 먹을 수 없는 보리 굴비만 시키려다 뻥튀기 통 옆에서 코끝을 자극하던 돼지 숯불구이가 냄새가 입맛을 자극해(아빠의 강력한 권유로) 추가했다.

주문하고 5분이 채 지나지 않아 모든 음식이 나왔다. 널찍한 상이 열두 가지 반찬과 보리 굴비, 돼지숯불구이 그리고 이천 쌀로 만든 솥 밥으로 채워지는 것을 보고 상 다리가 부러지지 않을까 걱정되었다.

엄마는 먼저 나물 반찬을 맛보시기 시작했다. 열두 가지 반찬을 모두 맛보시더니 "여기는 간이 슴슴하니 적당하네. 여기는 진짜 잘하는 집이야. 맛있다" 라고 말하시며 메인인 돼지 숯불구이와 보리 굴비보다 나물을 더 좋아하셨다. 엄마는 정갈한 한식을 좋아하시는구나 느꼈다. 엄마는 이런 한 상을 가족과 함께 하고 싶으셨구나 알게되었다. 나도 엄마가 좋아하는 음식을 같이 먹을 수 있어 좋았다. 아빠도 나도, 엄마 생신상을 제대로 얻어먹었다. 엄마의 대접에 모두가 행복한 한 끼를 할 수 있었다.

가족 모두가 배부르게 먹고 식당 근처 시골길 산책을 마치고 집에 돌아왔다. 너무 많이 걸어 목이 말랐는지 물 한 컵 뜨러 주방에 갔는데 엄마께 사드린 꽃 화분 2개가 주방 싱크대 앞 작은 창문에 놓여있었다. 그것도 오래전 내가 사드린 이가 빠진 로얄 코펜하겐 머그컵 두 잔 안에. 예뻐 보였다.

오늘 기록은 내가 끓이는 소고기미역국 레시피를 남기려 한다.

재료는 간단하다. 미역, 소고기, 마늘, 참기름, 참치액젓, 국간장.

먼저 마른미역을 찬물에 30분 정도 불린다. 마른미역은 부피가 매우 작기 때문에 포장에 쓰여있는 N인 분을 잘 보고 맞춰 넣어야 한다. 물론 조금 더 넣는 것은 언제나 좋다. 미역의 감칠맛이 더해지기 때문이다. 찬물에 불리면 천천히 불지만 미역의 감칠맛이 덜 빠져나온다. 다 불면 미역을 찬물에 헹구어 깨끗하게 씻는다. 그리고 물기를 짠 후 도마에 올려 먹기 좋은 크기로 썰어준다.

냄비에 참기름을 듬뿍 부어준다. 그리고 미역과 소고기를 섞이지 않게 넣어준다. 그리고 강한 불 위에 냄비를 올려준다. 시간이 지나 지글지글 소리가 나면 미역은 미역끼리 뒤적거려 주고, 소고기는 골고루 익도록 뒤적거려 준다. 볶으면 참기름은 미역으로 흡수되고 미역에서는 채수가 나온다. 소고기도 육즙이 나와 냄비가 육수로 자작해진다. 이때부터는 미역과 소고기를 섞으며 볶아준다. 20분 정도 강한 불에 볶아주는 게 팁이다. 조리하다 보면 꽤 긴 시간이라 인내심이 필요할지 모른다. 그리고 미역에서 나온 국물이 센 불에 증발해 졸아들면 뜨거운 물을 조금씩 넣어 자작하게 볶아주어야 한다. 이건 국물의 '액기스'를 만드는 과정이다.

뽀얀 '액기스'가 만들어졌다면 끓는 물을 부어준다. 미역:물의 비율을 1:1에서 1:1.5에 맞춰 물을 부어준다. 그리고 강한 불에서 뚜껑을 덮고 10분 정도 끓여준다. 참고로 1:1.5 비율이 어떤 느낌이냐면 바로 미역과 국물이 마치 전골처럼 잠겨있는 느낌이다. 국물에 비해 미역이 조금 많다고 느껴진다면 얼추 맞을 것이다. 그리고 중간 불로 줄인 후 20분 끓여준다. 그리고 약한 불에서 다시 20분을 더 끓인다.

약한 불로 줄일 때 다진 마늘 반 스푼을 넣어주고 국간장으로 간을 맞춰준다. 진간장을 쓰면 국물 색깔이 탁해지니 국간장으로 하는 것이 좋다. 그리고 이건 우리 엄마의 비법인데 간을 맞출 때 참치액젓을 넣어주면 감칠맛이 배가 된다고 한다.

마지막으로 약불에서 20분 끓였다면 불을 끄고 뚜껑을 덮고 밤새 식혀두면 좋다. 찌개나 국은 끓이고 하루가 지나면 더 맛있다. 두 번째 엄마 생신 미역국은 이 레시피로 만들었다. 생신 당일날 아침 일찍 끓이는 게 아니라 전날에 끓여놓고 제일 맛있을 때 드시게 하려고 했다. 비록 미역국의 감칠맛 나는 냄새가 온 집안에 퍼져 서프라이즈로 드릴 순 없겠지만.

2023년 3월 26일 일요일

두 번째 생신날 아침, 미역국을 갓있게 먹고 부모님과 나는 또 나갈 준비를 했다. 오늘은 엄마가 나와 같이 가고 싶어 하셨던 카페에 갈 예정이다. 바깥 날씨는 화창했고 차를 타고 카페로 가는 길은 봄 냄새가 물씬 맡아질 정도로 좋았다. 노오란 개나리와 보오란 진달래가 폈고 츠록색으로 덮인 잎이 나오기 시작하는 3월 말의 풍경이었다.

카페는 안성의 한 저수지 앞에 새로 지어져 있었다. 널직한 주차장에 주차하고 엄마와 나는(아빠는 저수지 산책을 나가셨다) 카페에 들어가 시나몬 퀸아망 한 개와 커피 두 잔을 시켜 저수지가 잘 보이는 창가 자리에 앉았다. 엄마와 나는 둘 다 의자 방향을 돌려 저수지를 보고 있었다. 카페 앞 저수지는 낮은 산들로 둘러싸여 있어 아늑하게 아름다웠다. 여기에 더해진 따스한 햇볕과 따뜻한 커피는 행복을 느끼기에 충분했다. 그런 기분으로 엄마와 대화를 나눴다.

한참 이런저런 이야기를 하다 엄마께 질문을 던졌다.

"엄마는 요즘 요리하고 싶어?"

"아니 이젠 힘들어."

"그런데 이번에 내가 온다고 감자탕도 해준 거야? 그거 쉽지 않잖아."

"아들이 오니까 해주고 싶었지. 근데 또 요리를 너무 오래 하니까 이젠 지겨워. 힘들기도 하고. 매일 메뉴 생각하는 거 얼마나 힘든데. 그만하고 싶을 때가 많아."

"나는 엄마의 요리가 사랑의 표현이라고 생각했는데 요리가 싫으면 이제 사랑 표현을 어떻게 해?"

"안아주기도 하고, 마음 써주고, 들어주고, 사랑한다 말해주고. 그렇게 하지."

엄마는 안아주고, 마음 써주고, 들어주고, 사랑한다고 말하는 것으로 사랑 표현을 한다고 하셨지만, 아직도 가족을 위해 요리하신다. 귀찮고 힘들 때도 있지만 그래도 하신다. 힘듦을 이겨내고 요리하시는 게 결국 사랑한다고 말하는 것 아닐지 잠시 생각했다.

"작년에 내가 요리 해준다고 하니까 어땠어?"

"그런 대접이 처음이니까 너무 설레고 좋았지. 아들이 뭘 해줄까 기대되고 대접받는다니까 기분이 좋았어."

"엄마 그땐 뭐 먹고 싶은지 말도 못 했잖아."

"그땐 몸이 너무 힘드니까 생각이 안 나더라고."

"가족들 챙기느라 너무 힘들었었지. 그래도 결국 엄마가 먹고 싶은 거 리스트로 만들어줘서 난 좋았어. 생일상에는 엄마가 먹고 싶은 걸 해주고 싶었거든. 그때 엄마가 '고맙다', '맛있다' 표현을 많이 해준 거 알아? 덕분에 기분이 좋더라고. 그럼 내가 해준 요리 중에 기억에 남는 거랑 맛없었던 거 뭐 있었어?"

"기억에 남는 건 연말에 해준 리스 샐러드. 그건 참 색깔이 알록달록하고 이뻤어. 맛으로는 율란 떡갈비가 너무 맛있었고. 특히 그 율란이 너무 맛있었어."

"그럼 맛없었던 거는?"

"굴 파스타? 아무래도 나는 한식을 더 좋아하는 것 같아."

"진짜? 누나는 맛있었다고 엄청나게 좋아했는데! 사실 나는 매운탕이 제일 자신 없었는데. 매운탕은 좀 그저 그랬지?"

"매운탕 너무 맛있었는데?"

"나는 엄마한테 대접하면서 엄마가 요리하는 이유랑 마음을 배운것 같아. 뭔가 가족들에게 요리해 주는 건 기분 좋은 일이다? 이런 걸 느꼈어."

"나도 요리가 젊었을 땐 재밌고 좋았어. 뭘 해 놓으면 너도 그렇고 네 누나도 아빠도 잘 먹었거든. 그게 뿌듯하고 좋았지."

나는 아직도 엄마 밥이 제일 맛있다. 내 식습관의 장점은 다 엄마에게서 온 것이고, 단점 또한 엄마에게서 온 것이다. 거의 모든 음식의 맛있는 기준과 간의 적당함, 재료의 취향은 엄마의 방식을 물려받았고 나도 엄마처럼 요리하고 있다. 엄마가 해주시는 음식은 나에게 제일 포근하고 따듯한 음식이다.

나는 아빠가 저수지 한 바퀴를 산책할 만큼 엄마와 오랫동안 충분히 하고 싶었던 이야기를 이어갔다.

2023년 3월 31일 금요일
엄마께 대접하는 삶을 살아보니.

'엄마께 식사 대접' 프로젝트가 끝났다. 프로젝트가 끝나기가 무섭게 벚꽃이 만개했고 날씨는 완전한 봄이 되었다. 이번 주 어느 날은 온도가 25도까지 올라가며 제법 따스하다 못해 덥게 느껴졌다. 봄이 오고 내가 마음먹은 엄마께 식사 대접 하는 일은 끝이 났다.

처음 '엄마께 식사 대접' 프로젝트를 시작할 때는 공기가 쌀쌀하고 바삭해지는 늦가을이었는데. 어쩌면 그때부터 대접하겠다는 마음때문인지 아니면 엄마 집 주방 가스레인지에서 나오는 가스 불 때문인지 생각보다 이번 겨울은 따듯하게 보냈다. 그동안 대접하면서 뭉근하게 끓었고 뜨끈하게 구웠다.

4번의 대접이 있었고 1번의 대접받음을 겪으면서 나는 진정 대접할 줄 아는 사람이 되었을까? 결론부터 말하자면 '그런 사람이 되고 싶으면 언제든 될 수 있다'이다. 내가 진심으로 그렇게 되고 싶다면 말이다.

'대접하는 사람'이 되고 싶으면 하고 싶은 마음과 노력만 있으면 충분하다. 나는 '엄마께 대접하는 사람'이 되고 싶었고 그 결과가 어디에 내놓을 만큼 성대했거나 모두가 부러워하는 그런 대접은 아니었지만 나는 '대접하는 사람'이 되었다.

엄마께 요리를 해드리면서 나는 요리가 사랑의 언어라는 것을 깨달았고, 나는 충분히 그 언어를 쓰고 싶어 하는 사람이라는 것을 알았다(애초에 그런 사람이라서 '엄마께 식사 대접' 프로젝트를 시작했는지도 모르겠다). 대접받는 사람이 잘 먹어주고 칭찬해 주면 기쁨은 배가 된다. 역시나 먹는 것만큼 기쁜 일은 일상에 흔치 않으며 그 기쁨을 줄 수 있다는 건 '사랑'의 표현임이 틀림없다. 물론 수저가 손에 잡히지 않을 만큼 끔찍하게 실패한 요리가 아니라면 말이다(첫 대접의 기억이 쉬어버린 막걸리 칵테일처럼 둥둥 떠오른다).

엄마께 요리해 드리는 일의 최고 이점은 엄마를 알아가는 것이었다. 평생 엄마의 요리를 먹으면서 엄마가 좋아하는 음식, 싫어하는 음식, 엄마의 요리 비법, 엄마 주방에는 어떤 재료들이 있는지 잘 알지 못했다. 대접을 거듭하면서 엄마는 양식보다 한식을 더 좋아하시고, 어릴 적부터 내륙지방에서 자라 해물 요리를 고기보다 선호하고, 입맛을 돋울 줄 아는 새콤달콤한 초무침과 달콤하면서 정성이 듬뿍들어간 율란과 떡갈비를 좋아하신다는 것을 알았다. 반대로 분식은 딱히 취향이 아니고 너무 맵고, 짜고, 느끼하고, 달지만 않으면 모두 잘 드신다. 그리고 엄마는 항상 당신이 드시기 전에 가족을 챙긴다.

이것만으로 프로젝트는 성공이다. 요리라는 사랑의 언어를 알게 되고, '대접할 줄 아는 사람'이 되고, 대접을 통해 엄마를 알아간 것만으로 충분하다. 물론 퇴사 후 불안경한 삶, 마음 한쪽에 이게 수입이 되고 업으로 이어졌으던 좋겠다는 생각도 있었지만, 그럴만한 마음은 내 안에 없어 보였다. 아무렴 어떤가? 그저 싱싱한 재료로 맛있게 요리해 행복한 식사를 했으면 됐다. 조만간 프로젝트 성공 기념으로 나에게 맛있는 걸 대접해 줘야겠다. 굴 말고 콩나물로 만든 오일 파스타나 매쉬드 포테이토를 곁들인 스테이크 같은 요리를 상상하며 군침을 삼킨다. 오늘도 무엇을 요리할까, 어떤 음식을 먹을까 고민한다.

부록

    엄마는 아들이 책을 만든다고 하니 글 하나를 써주셨다. 김장 날 해드렸던 첫 대접 이야기였다. 엄마의 시점에서 풀어낸 김장 노동과 첫 대접은 낯설기도 했지만 동시에 따스하기도 했다. 손 글씨로 써주신 글을 베껴 책에 실어본다. 앞으로 사랑한다 요리할 수 있고 사랑한다 쓸 수 있는 사람이 되어야겠다.

엄마의 글

8월 중순 즈음. 친정엄마로부터 배추 모종을 사 오라고, 너무 늦었다고, 마을 다른 집들은 다 심었다고, 그러니 빨리 모종을 사 오라고 닦달을 받고 있던 때에 애들 아빠 친구 포도밭에서 50포기 배추 모종(불암3호)을 선물로 받았다.

친정집 앞마당에 모종을 심고 물을 주었다. 배추밭 관리는 오랫동안 농사를 지으시던 친정엄마가 관리해 주셨다. 아침저녁으로 물도 주고, 풀도 뽑아주고, 벌레도 손으로 잡아주며 소독도 안 하고 3개월을 키워주셨다.

11월 17~18일 양일간 김장을 하기로 아들과 함께 날을 정했다. 김장 날이 정해지면서 나는 바빠졌다. 양념을 준비해야 했기 때문이다. 멸치액젓, 까나리 액젓, 밴댕이젓, 새우젓, 생강, 갓 등…. 고춧가루와 소금, 마늘, 매실액기스, 육수 등 다른 양념들은 집에 있는 양념을 쓰기로 했다.

17일은 안성 오일장이다. 아침에 시내버스를 타고 안성장에 가서 굴, 생새우, 동태, 보쌈용 통삼겹살을 사 왔다.

점심때쯤 아들이 서울에서 고속버스로 안성에 도착했다. 올해 김장 농사는 대풍년이었다. 무우도 생각보다 튼실하게 자랐고 배추도 알이 튼튼하게 들어차서 묵직했다. 점심 식사를 마치고 마당에 있던 배추를 뽑아 놓고, 무우도 뽑아서 깨끗이 세척한 후 김장 비닐봉지에 넣어 농협 앞마당에 설치한 무우채 기계로 채를 썰어왔다.

농협에서 돌아와서 잠깐 커피 시간을 갖고 배추를 손질해 절이기로 했다. 집 뒤뜰 수돗가에 큰 절임 통을 설치하고 아들이 배추를 들어서 나르면 나는 큰 배추를 4조각 내어 소금물에 배추를 절였다. 12시간은 절여야 한다. 마늘과 생강, 양파, 갓, 쪽파, 대파를 깨끗하게 다듬고 씻어서 물이 빠지게 체에 밭쳐 장독대에 올려놓고 수돗가를 정리했다.

어느덧 저녁때가 되어서 무우를 쏨덩쏨덩 썰어 넣고, 고추장을 풀어 넣고 동태찌개를 끓였다. 아들과 친정엄마와 함께 맛나게 저녁을 먹었다. 저녁 식사 후에 쪽파와 갓, 대파를 잘게 썰고 절인 배추를 위아래로 바꿔서 골고루 절여지게 2차 정리를 하고 잠자리에 들었다.

다음 날 새벽에 일어나 마늘을 찧고, 생새우를 씻어 체에 밭쳐 물기를 배고 무우채와 갓, 쪽파, 대파, 양파와 갓을 양념에 넣고 김칫소를 만들어 놓고, 절임 배추를 씻어 채반에 밭쳐 물기를 뺐다.

아침 식사 후 아들과 함께 본격적으로 김장을 시작했다. 절임 배추 사이 사이에 김칫소를 넣고, 김치통에 가지런히 넣어서 완성을 해나갔다. 8통이나 꽉 채웠다. 김장은 오전 중에 마무리가 되었다.

점심으로 돼지고기를 삶아서 보쌈을 먹기로 했다. 잘 삶아진 고기에 김장 김칫소와 굴을 넣고 굴 보쌈을 해 먹었다. 점심 식사 후 친정엄마 집을 정리 정돈하고 아들과 함께 우리 집으로 왔다.

저녁은 수고한 엄마와 사우디에서 고생하며 일하시다 휴가차 오늘 한국에 도착한 아빠를 위해 아들이 저녁을 준비해 주었다. 메뉴는 굴 파스타와 전과 과일샐러드. 비릴 것 같던 굴 파스타는 의외로 상큼한 게 면 요리랑 잘 어울렸다. 고소한 전도 자꾸 젓가락이 갔다. 상큼하고 달달한 샐러드는 입안이 상쾌했다.

정성 어린 요리에 고맙고 감사하다.

<엄마의 글> 끝.

사랑한다 요리할 수 있어

발행일	초판 2024년 3월 26일
지은이	재민
디자인	재민
교정 교열	miss.fresh
문의	studio502.kr@gmail.com